INNOVACIÓN
VERSUS
DECADENCIA

Cuadernos
liberales

Jesús Banegas

INNOVACIÓN
VERSUS
DECADENCIA

Cómo recuperar la senda perdida
del progreso en España

Unión Editorial
2025

© 2025 Jesús Banegas Núñez
© 2025 UNIÓN EDITORIAL, S.A.
c/ Hilarión Eslava 21 – local • 28015 Madrid
Tel.: 91 350 02 28
Correo: editorial@unioneditorial.net
www.unioneditorial.es

ISBN: 978-84-7209-953-1
Depósito legal: M. 13.915-2025

Compuesto e impreso por EL BUEY LIBERAL, S.L.
Impreso en España • *Printed in Spain*

ÍNDICE

PRÓLOGO

De Ramón Tamames

Todo el mundo en la tecnología española, y yo diría que universal, conoce bien a Jesús Banegas y su larga vida al servicio, entre otras cosas de interés, del impacto de la tecnología en el desarrollo económico. Precisamente gracias a ese tema nos conocimos hace años, en un celebrado prólogo que hizo Jesús para un pequeño libro de Manuel Castells, por entonces profesor en Berkeley. Para mí, ese prólogo fue una especie de linterna mágica sobre la cuestión.

El libro que hoy me pide que presente el propio Jesús Banegas, titulado *Innovación o decadencia. Cómo recuperar la senda perdida del progreso de España*, es breve, apenas llega a las 100 páginas de manuscrito pasado por el ordenador. Pero lo que tiene de breve lo tiene también de bueno, cumpliendo el proverbio de «si bueno y breve, dos veces bueno».

Digo lo que he dicho, sencillamente, porque es verdad. Lo que el autor plantea aquí: qué es la *creatividad*, como un don que percibimos de la naturaleza y la sociedad en que vivimos, para ir forjando un mundo cada vez más evolucionado, con tendencias que precisamente es necesario apreciar por las sucesivas transformaciones en la estructura económica y social internacional de nuestro tiempo.

En ese sentido, Banegas explora la lucha de ciencia y tecnología como base de todo, dentro del contexto de las célebres revoluciones tecnológicas. Es la gran lucha permanente entre EE.UU. y China en estos momentos. Una pugna entre el antiguo Celeste Imperio en reto permanente para la unión de las antiguas Trece Colonias.

La destrucción creativa, la idea schumpeteriana, es un punto de partida en la exploración que sigue, en la que aparece, inevitablemente, Steve Jobs. Con toda su fuerza como cibernético que ha luchado frente a los enemigos de la innovación, nos dice Banegas.

El libro da mucho que pensar, y termina con una visión del progreso futuro, tratando de ver la situación de Europa frente a China y EE.UU., y del caso español, que particularmente nos interesa. Con los papeles que tienen que representar entidades como la universidad, y conceptos como ciencia e innovación en una interrelación permanente.

¿Qué podemos y debemos hacer para el progreso a través de la innovación tecnológica? Esa es la gran pregunta final que se hace Banegas, tratando de extender las capacidades de un país que pronto tendrá 50 millones de habitantes, y ojalá que también una perspectiva de futuro en la que la innovación sea el arma definitiva contra la decadencia industrial o el estancamiento demográfico. Ninguna de esas vías es buena para nuestro futuro dentro de Europa y de un mundo cada vez más intercomunicado, y en competencia de todos frente a todos.

1
La creatividad
El gran don de la humanidad

«La creatividad es el rasgo único y definitorio de nuestra especie»; tal es la tesis que desarrolla Edward O. Wilson en su ensayo Los orígenes de la creatividad humana. Sin creatividad, sería difícil distinguir los humanos de los simios. A través de ella sentimos que estamos viviendo más plenamente que durante el resto de la vida.

Ninguna especie animal posee un lenguaje. El lenguaje es necesario para la existencia humana. Es la base de la sociedad. Es también la sustancia del pensamiento inteligente.

El logro supremo de la evolución humana, genética en su origen, cultural en su elaboración, es la invención del lenguaje. El fuego, ese gran descubrimiento humano, que sirvió para vencer el frío y cocinar, tuvo una inesperada y mayúscula consecuencia: en torno a él, se generó la necesidad humana de comunicarse, a través de la herramienta del lenguaje.

Pero además de servir para comunicarse, abrió la puerta a una singularísima ventaja de la especie humana: «su capacidad de aprender eficientemente de la experiencia de otros, asimilando así la información acumulada de generaciones anteriores que pasan de cada una a la siguiente», según Oded Galor en *The Journey of Humanity*.

En su *Technology, A Word History,* Daniel Hedrick, describe a los seres humanos como «las únicas criaturas que usan herramientas; los chimpancés, e incluso los insectos, las utilizan a veces, pero solo nosotros no podemos sobrevivir sin ellas».

Gracias al fuego y a sus capacidades cazadoras, el Homo Erectus pudo sobrevivir en diversos climas, desde el África tropical a otros continentes.

Hace 70.000 años, comenzó una explosión de innovaciones no solo en herramientas, sino también en otros aspectos de la vida desconocidos por los homínidos previos: el arte, la religión y la navegación marítima. Algunos antropólogos llaman a este evento el Big Bang, algo que fue realmente nuevo en el mundo: la cultura humana cambió incomparablemente más rápida que la lenta evolución biológica de las especies.

Los artefactos de los humanos modernos fueron más allá de sus necesidades de supervivencia. Hace 30.000 años, crearon instrumentos musicales, esculpieron figuras de animales en huesos y marfil, y usaron pigmentos para pintar animales con gran talento artístico en las paredes de las grutas donde vivían.

Francisco Mora, en *¿Cómo funciona el cerebro?,* conceptúa la creatividad como una acción o proceso de producir algo nuevo, diferente, original y útil, y encajarlo en el contexto de una cultura determinada que dé sentido a lo creado. El objeto creado o la obra realizada debe ser algo que, aun siendo muy nuevo e incluso asombroso, debe estar engarzado en la cultura de su tiempo. La creatividad es un proceso individual.

Entre 1990 y 1995, un numeroso equipo de la Universidad de Chicago, liderado por el catedrático Mihaly Csikszentmihalyi, desarrolló una larga, amplia y muy jugosa investigación científica sobre la creatividad. Incluyó entrevistas con casi un centenar de acreditados personajes vivos y activos en casi todos los dominios del quehacer humano: científicos, artistas, escritores, deportistas, empresarios y un largo etcétera, amén de una gran cantidad de referencias a personajes históricos. El resultado fue un libro, *Creativity. Flow and the Psycology of Discovery*, que sintetizó los frutos de las indagaciones de campo. La tesis resultante se puede expresar así: la creatividad consiste en tener ideas nuevas, algo que no está el alcance de los simios; compartirlas con los demás, es decir, la sociedad y el mercado, y solo si tienen éxito cobran vida. Por medio está el conocimiento del oficio para poder desarrollarlas, pues sin él, ello no sería posible. La creatividad puede ser observada solo en la interrelación de un sistema compuesto de tres elementos:

1. *El dominio*, que consiste en un conjunto de reglas simbólicas y procedimientos, como las matemáticas.
2. *El ámbito*, que incluye a todos los individuos guardianes del mismo.
3. *La persona individual*, ya que la creatividad solo ocurre a una persona.

La creatividad, es por tanto, un acto, idea o producto que cambia un dominio existente, o que lo transforma en uno nuevo.

¿Cómo se cultiva la energía creativa?, se pregunta el autor. Desarrollando la curiosidad y el interés, ámbito en el que los niños tienen ventaja sobre los adultos; disfrutándola a todas horas todos los días; protegiéndola de las distracciones y las interrupciones; encontrando problemas y afrontándolos desde diversos puntos de vista; actuando a tiempo… . En la gran encuesta del ensayo, al preguntar por las razones de sus éxitos a las personas creativas, la repuesta más frecuente fue: la suerte.

La intuición personal, más que el análisis sistemático, acerca de las nuevas ideas, suele estar tras muchas innovaciones de éxito. Steve Jobs se basó en ella para concebir y desarrollar la invención más inesperada, polifacética, y crecientemente valiosa de la historia reciente y posiblemente pasada. Concibió una necesidad oculta, tan presente como futura, que ninguna encuesta previa habría revelado —ni podido revelar— en ningún estudio de mercado. Más adelante se profundizará en esta emblemática experiencia innovadora.

Tal y como establece la epistemología de la ciencia de Karl Popper, el método inductivo basado en observaciones de la realidad ni tiene sentido científico, ni tecnológico. Los avances científicos y tecnológicos se basan en hipótesis falsables fruto de la invención de mentes inquietas y creativas, que sometidas a pruebas empíricas —en nuestro caso, el mercado—, confirman lo que se esperaba de ellas, e incluso mucho más. A Jobs le parecían inútiles los estudios de mercado, porque «la gente no sabe lo que quiere hasta que no se lo has enseñado».

La personalidad de los individuos creativos se caracteriza por una remarcable habilidad de adaptarse a casi cualquier situación y hacer que cualquier cosa que esté en sus manos alcance sus objetivos.

La creatividad tecnológica, que ha estado asociada al ser humano durante toda su existencia, está integrada en la base misma del auge de Occidente. En realidad, siempre ha sido «la palanca de su riqueza», título de un emblemático libro sobre la materia de Joel Mokyr, *The Lever of Riches*, en el que sostiene que «aunque no todo el crecimiento económico está relacionado necesariamente con la tecnología, esta es el ingrediente clave del crecimiento».

Para que una sociedad sea tecnológicamente creativa, se tienen que cumplir —según Mokyr— tres condiciones: existencia de un conjunto de innovadores e ingeniosos y con recursos que estén dispuestos y sean capaces de enfrentarse con su medio físico para mejorarlo; instituciones económicas y sociales que estimulen a los innovadores, ofreciéndoles una adecuada estructura de incentivos; la innovación requiere, además, diversidad y tolerancia.

La invención y la innovación se complementan, pero a la larga, las sociedades tecnológicamente creativas deben ser a la vez inventivas e innovadoras. La invención depende de factores que determinan la conducta individual, ya que, en último caso, el inventor está solo en su intento. La innovación, por otro lado, exige la interacción con otros individuos, depende de la instituciones y de los mercados.

Cuanto más débil es un gobierno, más favorece la innovación, y cuánto más intervencionista, más la perjudica.

2
Cultura innovadora e Instituciones
Marcos de referencia del progreso humano

La innovación carece de sentido sin contar con el ámbito social en el que se desenvuelve, su cultura y la instituciones que la estructuran.

Mokyr recoge en *A Culture of Growth. The Origins of the Modern Economy,* la definición de cultura de Boyd & Richardson: «Conjunto de creencias, valores y preferencias capaces de influir en la conducta, que son socialmente —no genéticamente— transmitidas, y que son compartidas por grupos sociales».

Friedrich A. Hayek, en *Los fundamentos de la libertad,* sostiene que cultura es «la transmisión en el tiempo de nuestro *stock* acumulado de conocimiento», que incluye hábitos, habilidades, actitudes emocionales, así como instituciones. La intencionalidad humana, por tanto, no es espontánea. La evolución cultural consiste en la acumulación intergeneracional de conocimientos, herramientas, actitudes, valores e instituciones que han evolucionado mediante una eliminación selectiva de las conductas menos apropiadas.

La razón esencial de la diferencia entre países innovadores es, por tanto, de carácter cultural e institucional que, dadas sus raíces históricas, no es fácil cambiar en poco tiempo. Jared Diamond —en *Armas, gérmenes y acero*—, al reflexionar sobre las causas del progreso de la humanidad entre las que, a su juicio, prevalece el medio ambiente social, sostiene que el desarrollo y la recepción de la innovación varían enormemente entre sociedades de un mismo continente y cambian, además, con el tiempo dentro de una misma sociedad. Este supuesto histórico tiene un profundo significado: el destino de un país no está escrito, lo construyen día a día sus habitantes.

Los economistas clásicos, desde Adam Smith hasta Joseph A. Schumpeter, nunca consideraron la lógica cultural e institucional que envuelve la función empresarial, ni la innovación tecnológica, en sus tratados de economía.

Al efecto, Douglass North, en su *Understanding the Process of Economic Change,* nos recuerda que

> Adam Smith escribió el más importante libro de economía en la mitad de estas ocurrencias —la Revolución Industrial— sin mencionarlas. David Ricardo sugirió que el crecimiento de las rentas sería absorbido por el incremento de la productividad. Tomás Malthus predijo que el incremento de la población conllevaría a salarios de mera subsistencia durante mucho tiempo. Karl Marx escribió que la renta de los trabajadores no mejoraría. Los economistas clásicos simplemente no entendieron lo que estaba sucediendo alrededor de ellos.

Sin embargo, sabemos hoy que el crecimiento de la era moderna —desde la Revolución Industrial inglesa hasta nuestros días— ha estado soportado por la expansión de lo que fue conocido en la era de la Ilustración como *conocimiento útil* innovador.

Para Robert M. Solow, autor de *Growth Theory*, padre intelectual de la importancia de la innovación en el crecimiento económico, «todos los intentos para explicar las diferencias en el comportamiento de las economías y de su crecimiento usan el concepto *cultura*».

Douglas North, en su ensayo antes citado, integra las *instituciones* —sociales y políticas— en el proceso del crecimiento económico. ¿Qué papel juegan las instituciones o reglas de juego para North?

1. Su interacción con las organizaciones empresariales.
2. La competencia fuerza a las organizaciones a invertir en habilidades y conocimiento para sobrevivir.
3. Los marcos institucionales proporcionan incentivos que dictan el tipo de habilidades y conocimientos percibidos para maximizar los resultados.
4. Las percepciones de las personas para interpretar el mundo alrededor se derivan de su herencia cultural.
5. La viabilidad, rentabilidad e incluso la supervivencia de las organizaciones dependen del marco institucional.

Para North, el mundo no es ergódico —su trayectoria no está prefijada por lo ya sucedido— porque no conocemos hoy lo que aprenderemos mañana.

En el periodo 1500-1700 se establecieron los fundamentos culturales del crecimiento moderno. Las palancas del progreso tecnológico fueron actitud y disposición, debidas a cambios culturales. Los cambios culturales son resultado de incentivos y estímulos suministrados por ambientes institucionales.

Las innovaciones no son solo tecnológicas, sostiene Gabriel Tortella en *Las grandes revoluciones*. «Inglaterra demostró a finales del siglo XVIII una notabilísima creatividad política: antes de inventar la hiladora mecánica y la máquina de vapor, los ingleses habían inventado la monarquía constitucional y el sistema parlamentario, que dieron lugar a que la sociedad inglesa de entonces fuera más libre que ninguna otra del mundo», dando lugar a la fabulosa Revolución Industrial.

Desde aquella gran revolución institucional inglesa que generó libertad sometida a «la ley», seguridad jurídica, derechos de propiedad, libertad personal y de comercio, etc… para amparar la posibilidad y el desarrollo de las innovaciones, no sólo tecnológicas, un sinfín de ellas han venido proliferando, sustentando y reforzando los enormes progresos de la humanidad.

La institución del capital riesgo es, probablemente, el ejemplo más significativo al respecto. Sin ella, la mayor parte de los principales éxitos innovadores del último medio siglo no habrían tenido lugar. Tal innovación institucional surgió tras la Segunda Guerra Mundial y fue impulsada por un general francés, Georges Doriot, que tras estudiar en EE.UU., participó muy activamente en la misma liderando el *Research and Development Service* que impulsó la innovación tecnológica durante la guerra. Al cabo de la misma, fundó la American Research and Development Corporation (ARDC), una de las primeras firmas de capital riesgo, especializada en nuevas empresas innovadoras, algo poco común en la época. Uno de sus mayores éxitos fue la inversión en Digital Equipment Corporation, que con una inversión de 70.000 dólares, generó retornos superiores a los 350 millones tras salir a bolsa. Doriot apostaba por invertir en personas, no solo en ideas o tecnologías, y fue un pionero en ver cómo el capital riesgo podría transformar la economía apoyando a emprendedores visionarios, según su biógrafo Spencer E. Ante en *Creative Capital: Georges Doriot and teh Birth of Venture Capital.*

El capital riesgo no solo financia *startups*, sino que las dota de asesoramiento estratégico, conexiones y apoyo operativo. Apuesta por proyectos de alto riesgo y alta recompensa. La alta tasa de fracaso de sus inversiones conlleva que las pocas empresas exitosas compensen la pérdida de muchas otras.

Otro ejemplo, entre los muchos habidos a lo largo de la historia, pleno de sentido, más reciente y modesto, es la «mochila austriaca»: una respuesta institucional que favorece la movilidad laboral —imprescindible para qué las empresas innovadoras puedan adaptarse a los cambios que generan los mercados libres—, sin restar derechos a los trabajadores, para que puedan cambiar de empleo sin perder los adquiridos.

Los países más avispados, particularmente los más norteños de Europa, desde Irlanda a Dinamarca, pasando por Suecia, vienen aplicando reformas institucionales fragmentarias con mucho éxito en las últimas décadas, como demuestran sus magníficos resultados económicos y sociales.

Un elevado nivel de confianza y cooperación social reduce los costes de transacción y, por tanto, facilita los intercambios y la emergencia de mercados que funcionan bien. Diferentes niveles de confianza ponen de manifiesto diferencias de renta entre las naciones.

Las sociedades colectivistas pobres pueden conseguir crecimientos de la productividad, pero las innovaciones realmente originales proceden de valores individualistas. El socialismo, por tanto, es incompatible con la innovación al negar la singularidad individual desde la que emerge lo nuevo: ¿algún grupo humano ha inventado alguna vez algo? Los comités no tienen ideas. Los algoritmos no tienen ideas. Las máquinas no tienen ideas. La Inteligencia Artificial, tampoco. Por eso los seres humanos merecen dignidad, respeto y libertad para poder pensar, experimentar y comercializar sus ideas.

«Los valores culturales determinan cuánto tiempo y dinero deciden gastar los padres en la educación de sus hijos», nos enseña Mokyr en *A Culture of Growth*. La inversión en capital humano es ampliamente considerada de central importancia en el desarrollo económico, porque cuanto más aprendemos, más capacitados estamos para crear cosas nuevas.

Creencias encapsuladas cómo *laborare est orare*, eslogan de los monjes benedictinos, convirtieron el trabajo y la producción en virtudes. Los monjes medievales establecieron puentes entre el conocimiento proposicional y sus aplicaciones tecnológicas. Hacia 1700 no era discernible la diferencia entre conocimiento científico y tecnológico.

La gran clave del éxito de Europa fue la combinación de la fragmentación política con su unidad cultural.

Las raíces del éxito británico como líder de la Revolución Industrial son más complejas de lo que parece. Pero su ambiente cultural a finales del siglo XVIII y comienzos del XIX fue particularmente conductivo para la creatividad tecnológica.

Niall Ferguson, en *Civilization. The West and the Rest*, describe los seis complejos innovadores de instituciones y las ideas y conductas asociadas que han distinguido a Occidente del resto del mundo:

1. Competencia: descentralización de la vida política y económica;
2. Ciencia: un modo de estudiar, comprender y, en última instancia, cambiar el mundo natural;
3. Derechos de propiedad: la «regla de la ley» y la pacífica resolución de disputas;
4. Medicina: mejora de la salud y la esperanza de vida;
5. La sociedad de consumo: la producción y compra masiva bienes de consumo; y
6. La ética del trabajo: pegamento de la potencialmente inestable sociedad.

Mientras que en China la transmisión del conocimiento fue muy débil, en Europa se conservaba a través de documentos escritos. La gran diferencia de Europa y el resto del mundo fue la Ilustración. Los intercambios en los mercados gracias a las nuevas ideas fueron cruciales para separar y distinguir a Europa del resto del mundo.

La importancia de la cultura europea consiste en el concepto de que el conocimiento y la comprensión de la naturaleza puede y debe ser usada para conseguir avances materiales en las condiciones de vida de la humanidad y la creencia de que el poder y el gobierno no sirven solo a los ricos, sino a toda la sociedad.

El triunfo del mercado de las ideas creó sinergias masivas para liderar el cambio económico que podemos observar.

La innovación y, por tanto, el crecimiento económico que ha conocido el mundo son inseparables de la cultura occidental. Ni la China del pasado, nunca el islamismo y jamás el comunismo, han podido compararse con la pujanza de la civilización occidental, cuyos valores culturales definieron y proyectaron sus éxitos. Durante las recientes décadas, una miríada de ensayos han testimoniado los porqués —siempre culturales— del éxito de Occidente frente al resto del mundo, y cómo algunos países —Japón, Taiwán, Corea del Sur, Singapur— geográficamente orientales se hicieron ricos cuando asumieron el marco institucional occidental.

En su reciente, profundo y muy original ensayo, titulado irónicamente *Las personas más raras del mundo,* Joseph Enrich aporta una novedosa y muy sustancial tesis:

> Nuestra historia comienza con la demolición, por parte de la iglesia, de las instituciones, con base en el parentesco intensivo, que favorecían una mayor conformidad y obediencia. El desmantelamiento del parentesco intensivo por parte de la iglesia abrió un flujo de información a través de una red social de ampliación continua que conectó a una gran diversidad de mentes de toda la cristiandad.

Aporta Enrich los siete factores que han dado forma al cerebro colectivo europeo:

1. Las instituciones de aprendizaje.
2. La urbanización y los mercados impersonales.
3. Las órdenes monásticas transregionales.

4. Las universidades.
5. La República de las Letras.
6. La sociedades de conocimiento (la Enciclopedia).
7. Confesiones religiosas que promovían la alfabetización, la laboriosidad, la ciencia y los resultados pragmáticos.

Tales instituciones impulsaron la innovación, al tiempo que mantuvieron el crecimiento poblacional bajo control, llegando a generar, en última instancia, una prosperidad económica sin precedentes.

Los humanos son una especie intensamente cultural. Para comprender nuestra psicología, no solamente debemos saber de nuestra herencia genética, sino también cómo nuestra mente se ha adaptado, ontogénica y culturalmente, a las tecnologías e instituciones locales.

Entre los muchos ensayos contemporáneos sobre la materia, merecen la pena dos de ellos: *Trust: The Social Virtues and the Creation of Prosperity,* de Francis Fukuyama, y *The Bourgeois Virtues. Ethics for an Age of Commerce,* de Deirdre N. McCloskey. En ambos casos se documenta y razona ampliamente cómo la prosperidad de las naciones está estrechamente relacionada con sus valores culturales.

Los socialistas —de todos los partidos— suelen preocuparse por la desigualdad que genera —necesariamente— la innovación; pero ésta siempre es temporal y facilita la movilidad social.

En su amplio y perspicaz ensayo *How Innovation Works,* su autor, Matt Ridley, concluye señalando que la innovación es «hija de la libertad y madre del progreso».

Puesto que el error es una parte clave de la innovación, una de las grandes ventajas culturales de Estados Unidos —como más adelante se comprobará— es su empatía social por lo nuevo y su actitud benigna hacia el fallo en los negocios.

3
Tecnología y Ciencia
Diálogo para el progreso

En su tan amplio como profundo análisis de la sociedad humana y sus destinos, *Armas, Gérmenes y Acero,* Jared Diamond considera la tecnología «el elemento más importante del modelo más comprensivo de la historia», para preguntarse a continuación: «¿por qué si no existe diferencia en la neurobiología humana que sea causa de las diferencias de desarrollo tecnológico entre continentes [...] los inventos fueron euroasiáticos? Desde muy antiguo, la evolución tecnológica ha tenido que ver con «la receptividad de las sociedades ante las innovaciones». Tal receptividad está asociada con el hecho de que la tecnología engendra más tecnología, ya que «la difusión de un invento excede en potencia la importancia del invento original, según un proceso autocatalítico que se acelera a una velocidad que aumenta con el tiempo».

Antes de que la ciencia, tal y como la asumimos hoy, viera la luz, la tecnología dio pasos decisivos para el progreso de la humanidad. Entre los muchos habidos, merece la pena citar dos: el hierro y el reloj.

Lynn White, en *Tecnología medieval y cambio social*, destaca la importancia del hierro en dos importantes ámbitos.

Desde el periodo neolítico hasta hace más o menos dos siglos, la agricultura ha sido la base de casi todas las demás ocupaciones del hombre. Hasta hace poco más de dos siglos no existía ninguna comunidad establecida en la que por lo menos nueve décimas partes de la población no estuviesen directamente dedicadas a tareas rurales. El campesino medieval utilizaba una cantidad de hierro que no hubiera podido imaginar ninguna población anterior, mientras que el herrero se convirtió en parte integrante de la aldea. El arado señaló la primera aplicación de energía no humana a la agricultura. Ahorraba trabajo, con lo cual cada vez era mayor la superficie que se podía cultivar. El arado pesado del norte de Europa, frente al utilizado por el mundo romano mejoró muchísimo la productividad agrícola.

Más tarde, «el cañón no solo es importante en sí mismo como artefacto mecánico de hierro aplicado a la guerra: es una máquina de combustión interna de un cilindro y todos nuestros más modernos motores de este tipo descienden de aquella».

La tecnología, la ciencia y sobre todo la productividad no habrían podido avanzar sin medir el tiempo, gracias a la invención del reloj. Para David S. Landes, en su *Revolución del tiempo*: «El dominio del tiempo fue clave para el desarrollo económico de Occidente frente a otras civilizaciones». El medievalista Jean Gimpel, en *La Revolución Industrial en la Edad Media,* atribuye el reloj más perfeccionado de su época a Su Song en China, en el siglo XI. Sin embargo, el monopolio imperial de relojes retrasó el progreso de la relojería. Se considera que la fecha probable de los primeros relojes mecánicos fue hacia comienzos del siglo XIV; una invención nacida en los monasterios europeos de la Edad Media, que pronto fue conocida —aunque no usada— en China, en cuya cultura el libre mercado no tenía cabida; allí todo lo decidía el mandarín de turno, como en el mundo comunista posterior.

Lewis Mumford, en Técnica y Civilización, reivindica «el reloj como la máquina clave de la época industrial moderna, incluso más importante que la máquina de vapor.» El reloj separó el tiempo de los acontecimientos humanos, creando una percepción matemática y mensurable del tiempo. Esta nueva percepción del tiempo fue fundamental para el desarrollo de la ciencia. El reloj fue crucial para el desarrollo de la sociedad industrial, no solo como herramienta de medición, sino como un elemento que transformó profundamente la cultura, la tecnología y la percepción humana del tiempo y del trabajo.

No es fácil establecer una distinción práctica entre ciencia y tecnología. Mokyr, citando a Gille, en *The Lever of Riches*, sugiere una distinción basada en el propósito: la ciencia tiene como objetivo la comprensión, mientras que la tecnología apunta a la utilización. La tecnología ayuda a la ciencia, como ocurre a la inversa.

La tecnología es tan predecible en retrospectiva, como impredecible en prospectiva. Los avances científicos, sin embargo, pueden presentirse como hipótesis, aunque solo se constituyen como ciencia cuando han sido contrastados empíricamente.

Ciencia es el conjunto de conocimientos objetivos y verificables del mundo natural, obtenidos mediante la observación y el razonamiento, de los que se deducen principios y leyes generales con capacidad predictiva y comprobables experimentalmente. Su utilidad es creciente e inextinguible.

La tecnología es una técnica —una manera de hacer las cosas— cuyo origen, puede ser casual o deliberada y en ocasiones mejorada o creada, mayormente, pero no solo, por la ciencia. Entra en obsolescencia en tiempos cada vez más cortos.

Para el historiador de la ciencia, John Gribbin, *Historia de la ciencia 1543-2001,* la ciencia y la tecnología siempre han dialogado, pues muchos avances de aquella llegan de la mano de nuevos avances tecnológicos: el telescopio revolucionó la manera de reflexionar sobre el universo; el microscopio transformó el modo de pensar las personas en sí mismas; el estudio de la electricidad no empezó a coger velocidad hasta que se pudo disponer de aparatos para fabricarla, y su adelanto tecnológico más importante, la invención de la batería eléctrica, llegó a final del siglo XVIII y preparó el camino para los trabajos de Faraday y de Maxwell en el siglo siguiente. La termodinámica, convertida con el paso del tiempo en la quintaesencia de la ciencia contemporánea, debe su existencia a las tecnologías —sobre todo la máquina de vapor—, que exploraron cómo el calor se podría convertir en trabajo. Y lo mismo que la ciencia necesita de la tecnología para desarrollarse, también la tecnología necesita de la ciencia para seguir avanzando.

Es difícil argumentar que la Revolución Científica del siglo XVII, asociada con Galileo, Descartes, Boyle, Newton y otros, tuviera un gran impacto tecnológico en la Revolución Industrial del siglo XVIII, especialmente en los sectores textil y del acero. El progreso tecnológico de la Revolución Industrial fue el resultado de inspirados y brillantes artesanos más que de las mejores prácticas de la ciencia.

La cultura humana ha cambiado mucho más rápidamente que la biología de las especies. Solo los humanos no podrían subsistir sin sus herramientas, y solo ellos han sido conformados por aquellas que usan.

Las tecnologías que caracterizan las tempranas civilizaciones representan un avance en el poder de los seres humanos sobre la naturaleza, pero también la habilidad de una pequeña élite para imponer sus reglas de juego al resto de la humanidad.

Mientras que en China y Oriente Medio la tecnología estaba directamente controlada desde arriba, en Europa casi todos los cambios tecnológicos fueron originados mediante iniciativas locales, a nivel de pueblos, de artesanos o agricultores. La descentralización de la innovación en Europa influyó en las políticas gubernamentales. Los europeos se beneficiaron de su división en pequeños estados cuyos monarcas y consejeros respetaban la innovación tecnológica.

En 1765, cuatro amigos —Erasmus Darwin, James Watt, Josiah Wedwood y Matthew Boulton— comenzaron a reunirse las noches de luna llena —para facilitar el viaje seguro de sus miembros— en Birmingham, Inglaterra, dando lugar a *The Lunar Society,* para discutir de temas industriales y científicos. Procediendo de diferentes experiencias, compartieron ideas y aprendieron los unos de los otros hasta sentar las bases de la Revolución Industrial.

Medio siglo después, otros cuatro personajes extraordinarios —William Whewell, Charles Babbage, John Herschel y Richard Jones—, inspirados por el reformador científico Francis Bacon, fundaron el *Club de los desayunos filosóficos* —título de un libro de Laura J. Snyder— en torno a la Universidad de Cambridge, para reunirse los domingos con objeto de tratar del estado de la ciencia, dando lugar a una nueva especie humana: *el científico.*

El ambiente intelectual inglés, favorecido por su marco institucional, apalancó extraordinariamente con sus avances, primero tecnológicos y luego científicos, el mayor cambio experimentado en la historia de la humanidad: una explosión de la mejora de las condiciones de vida y la prosperidad material que han terminado abarcando —en diversos pero convergentes grados— a la inmensa mayoría de la humanidad.

Durante mucho tiempo, e incluso en nuestros días, se ha supuesto que los desarrollos científicos impulsaron la revolución industrial en la Inglaterra decimonónica, algo razonable de pensar por la convergencia de dos puntos de vista: fueron hitos que se desenvolvieron paralelos en el tiempo y la Revolución Industrial se fundamentó en avances tecnológicos, muchos de los cuales estaban muy próximos a los científicos.

Pero lo cierto es que, si bien el progreso científico posibilita y mucho el cambio tecnológico, las mejoras de la productividad generada en la industria procedían esencialmente de mejoras no radicales (*sustaining technologies*) generadas en el día a día en las fábricas y no de cambios radicales (*disruptive technologies*) más —no exclusivamente— asociados a los avances científicos.

Las tecnologías que dieron lugar a la Revolución Industrial fueron desarrolladas por inventores e ingenieros con un limitado conocimiento científico. Hasta mediados del siglo XIX, las conexiones entre la tecnología y la ciencia fueron raras y aleatorias.

La industrialización derivada de los cambios tecnológicos tiene cuatro características: la división del trabajo en tareas simples, el uso de máquinas para reemplazar las labores humanas, la producción en masa con costes bajos, y la generación de energía mecánica desde los combustibles fósiles. Hasta 1814 fue un fenómeno inglés; después transformaría gran parte del mundo en pocas décadas.

Hasta principios del siglo XX, muchas grandes invenciones tecnológicas se debieron a inventores individuales como Bell, Edison, Tesla, Marconi, etc., que fueron sustituidos a partir de entonces por grandes laboratorios. Tras la Segunda Guerra Mundial, los gobiernos inauguraron la era de una colaboración más estrecha y directa de la ciencia con la tecnología.

Las grandes empresas, que hasta hace tres décadas estuvieron internalizando la I+D, desde entonces no solo la han venido externalizando, sino que cada vez es más frecuente que compren *startups* tecnológicas para poder consolidar y expandir sus capacidades competitivas.

4
Las revoluciones tecnológicas
& el capital financiero

Aunque la Revolución Industrial inglesa es la que puso en marcha el más extraordinario crecimiento de la población, la renta per cápita y las magníficas condiciones de vida registradas en toda la historia, Jean Gimpel reivindica una primera revolución, también industrial, que se desarrolló en la Edad Media. Los siglos XI, XII y XIII crearon tecnologías sobre las que se apoyó la Revolución Industrial inglesa para tomar impulso. El medievo desarrolló el uso de las máquinas, mucho más que ninguna otra civilización. Es uno de los factores determinantes de la prepotencia del hemisferio occidental sobre el resto del mundo.

Los molinos de agua construidos en torno a una presa artificial capaz de producir una caída de agua en los ríos, generaron una energía hidráulica que tendría la misma importancia que el petróleo en el siglo XX. La energía hidráulica servía para machacar el grano, tamizar la harina, abatanar los paños y curtir las pieles. El agua circulaba por tuberías de plomo y de madera hasta la cocina. Los primeros molinos de agua fueron construidos por ingenieros hacia finales del siglo II a. C. El árbol de levas, los embalses, la energía mare-motriz, la energía eólica, fueron otras tantas tecnologías medievales que, junto con la siderurgia, el uso de la fuerza motriz del caballo, nuevos métodos de siembras y cosechas agrícolas, la explotación de la lana —la materia prima más importante del medievo—, la carne y el vino, de la mano de las granjas modelo cistercenses, generaron un estallido demográfico y una disminución de la mortandad.

La Iglesia de Roma aceptó fácilmente las innovaciones tecnológicas, y esta facilidad de adaptación a las nuevas ideas explica, en gran medida, la revolución industrial del medievo. En Toledo, equipos de eruditos cristianos, judíos y árabes, traducían al latín textos griegos y árabes sobre medicina, astronomía, aritmética, álgebra y trigonometría. La expansión de la fe cristiana en el Medio Oriente y el Mediterráneo destruyó la creencia clásica de la presencia de dioses encarnados en la naturaleza. Esta desacralización es uno de los factores que explican los inventos tecnológicos en la Edad Media. La introducción de las obras de Aristóteles, Avicena y Averroes impulsaron los progresos de la razón y de la ciencia en las universidades de Chartres, París y Oxford. Los anteojos para corregir la miopía, una de las cosas más útiles del mundo, existían ya en Italia hacia 1280.

Robert Grossetête (1175-1253) fundamentó la aplicación de los principios de la filosofía natural sobre las matemáticas y la experiencia, y sostuvo que las leyes de óptica geométrica eran la base de la realidad física y de las matemáticas. Su discípulo Roger Bacon (2214-1292) describió minuciosamente el ojo humano, y sostenía que las matemáticas eran la vía de acceso a todas las ciencias. Se le considera el padre del método experimental, que consagró con éxito Pierre de Maricourt, quien hacia 1269 había descubierto el magnetismo, que dio lugar a las brújulas marinas modernas.

Entre 1347 y 1350, la Peste Negra diezmó Occidente. El ocultismo en todas sus formas se extendió con intensidad alarmante. Europa conoció condiciones hostiles que afectaron gravemente a su economía, hasta que reverdeció en Inglaterra cuatro siglos después a través de su célebre Revolución Industrial.

Merece la pena recordar que, en todo caso, una de las consecuencias inesperadas de la peste negra fue la enorme cantidad de ropa de cama y de vestir desechada que pudieron transformarse en pasta de papel, lo que condujo a la posibilidad de la invención de la imprenta de tipos móviles y, por tanto, a la producción masiva de libros que permitirían una diseminación del conocimiento hasta entonces imposible.

En mi libro *La nueva economía de España: las TIC, la productividad y el crecimiento económico,* constaté un amplio consenso en considerar que, desde que comenzara la Revolución Industrial inglesa, se han producido cinco grandes oleadas tecnológicas que, con una duración media de 50 años, han cubierto la historia económica desde las últimas décadas del siglo XVIII hasta bien entrado el presente siglo XXI.

Cada nuevo paradigma tecnológico ha traído consigo a lo largo de la historia una «nueva economía», como consecuencia de las transformaciones estructurales operadas en el sistema económico por la aplicación de las nuevas olas tecnológicas.

Desde una perspectiva histórica cabe considerar que existe una «nueva economía» cuando, como consecuencia de las transformaciones inducidas por las revoluciones tecnológicas, se producen cambios estructurales en los mercados que mejoran la productividad, impulsan el crecimiento económico y llegan a penetrar incluso en las esferas ideológicas y políticas de la sociedad.

Para Carlota Pérez, *Technological Revolution and Financial Capital:*

> Una revolución tecnológica puede ser definida como un poderoso y visible conjunto de tecnologías, productos e indus-

trias nuevas y dinámicas capaces de sacudir los cimientos de la economía y de impulsar una oleada de desarrollo de largo plazo.

Desde esta perspectiva, las cinco grandes revoluciones tecnológicas que se han sucedido cada medio siglo, desde la Revolución Industrial hasta ahora, serían, con su fecha de nacimiento, las siguientes:

1. La Revolución Industrial (1771).
2. La era del vapor y los ferrocarriles (1829).
3. La era del acero, la electricidad y la ingeniería pesada (1875).
4. La era del petróleo, el automóvil y la producción en masa (1908).
5. La era de la información y las telecomunicaciones (1971).

Para la autora, los tres mecanismos que definen las revoluciones tecnológicas son:

- Los cambios tecnológicos se agrupan en constelaciones de innovaciones radicales, formando revoluciones sucesivas y distintas, las cuales modernizan toda la estructura productiva.

- La separación funcional entre el capital financiero y el capital productivo persigue las ganancias por distintos medios.

- Existen unas enormes inercia y resistencia al cambio del marco socio institucional, aguijoneada por las presiones competitivas.

Carlota Pérez destaca el papel del capital financiero —apelando a Schumpeter— como habilitador de las revoluciones tecnológicas, a través de las inversiones requeridas para su desarrollo. El capital financiero actúa, por tanto, como agente de una masiva destrucción creativa.

La actual revolución de las TIC, habiendo coincidido con políticas monetarias expansivas de los bancos centrales, es la que más se ha beneficiado de la abundancia histórica de recursos financieros para su expansión; la más veloz y ecuménica de la historia.

5
¿Cómo funciona la innovación?

Como la ciencia y la vida misma

La innovación parece obvia en retrospectiva, pero es imposible de predecir en el tiempo. Solo la prueba y el error permiten que progrese.

En 2007, Steve Balmer, CEO de Microsoft, dijo que el iPhone no iba a tener una parte significativa del mercado. No tendría opción alguna a tener éxito. El premio Nobel Paul Krugman predijo, en 1998, que el crecimiento de Internet sería lentísimo porque la mayoría de la gente no tenía nada que decirse con otra, y hacia 2005 tenía claro que el impacto de Internet en la economía no sería mayor que el de la máquina de fax.

Dorothy Thomas, de la Universidad de Columbia, ha investigado 148 casos de invenciones simultáneas por más de una persona; es decir, las nuevas ideas andan sueltas por el mundo, sin orden alguno, esperando aterrizar en ambientes fértiles.

Si la innovación es imprevisible, aún más imprevisibles son las consecuencias que arrastra. Dos ejemplos saltan a la vista: Amazon y los vehículos VTC —tipo Uber— que han revolucionado el transporte logístico de mercancías y personas; dos nuevos ámbitos del quehacer humano que es imposible se le pudieran haber ocurrido a quienes concibieron y desarrollaron las nuevas tecnologías de la información y la comunicación —TIC— que los han hecho posibles.

Las innovaciones tecnológicas tienen la virtud de arrastrar muchas otras en los más diversos ámbitos, y muy particularmente las derivadas de las TIC de nuestro tiempo, cuya capacidad potencial de invadir beneficiosa y ecuménicamente los más insospechados ámbitos de nuestra vida es extraordinaria. La innovación en entrópica, siempre crece, nunca retrocede; y cuanto más abunda más y más multiplica sus efectos, mientras invita a llevar a cabo nuevas innovaciones sobre la base de las preexistentes. El encadenamiento y concatenación multidireccional de las innovaciones que ofrecen las TIC está siendo el mayor de la Historia de la humanidad, pues su intangibilidad hace muy difícil y casi imposible el control de su expansión por parte de los mandarines de la política. Si en el pasado antiguo fueron, efectivamente, los mandarines chinos los que contrajeron con su control político los avances tecnológicos innovadores, en el mundo occidental su legado fue asumido más tarde por los constructivistas socialistas. Primero, presumiendo conocer las leyes del desarrollo de la sociedad humana, gracias al famoso —por su perversa falsedad— «materialismo histórico», que ignoraba por completo las ideas, invenciones e innovaciones generadas libremente en la sociedad, para sustituirlas por su propios —luego revelados desastrosos— planes.

Tras haberse manifestado, abiertamente, el fracaso de tal filosofía comunista, el socialismo contemporáneo —más o menos presente en todos los partidos políticos—, como no puede prohibir la libertad de inventar, trata de restringir con todo tipo de regulaciones que se conviertan en innovaciones de éxito; o, al menos, que avancen libremente en los mercados. La demostración más viva y apreciable de estas políticas socialdemócratas la ofrece la brecha grande y creciente que separa Europa de Estados Unidos, que, originado por la innovación tecnológica, se transforma en mejoras de productividad que acrecientan la renta per cápita, como más adelante se acreditará. Mientras que aquí nos dedicamos afanosamente a regular —enfermizamente— las iniciativas innovadoras de la función empresarial, allí nacen y se desarrollan con mucha mayor libertad. Un penúltimo ejemplo lo ofrece la Inteligencia Artificial, una nueva tecnología concebida y desarrollada en Estados Unidos, que la Unión Europea está combatiendo con ingentes esfuerzos, no para desarrollarla aún más y mejor o competir con ella, sino para regular su uso; es decir, para limitarlo, restringiendo así sus posibilidades para alejarnos cada vez más del enriquecedor liderazgo innovador norteamericano.

Si la libertad, como sostenía Cervantes, «es uno de los más preciosos dones que a los hombres dieron los cielos; con ella no pueden igualarse los tesoros que encierra la tierra ni el mar encubre…», la de inventar y, sobre todo, la de innovar, son absolutamente imprescindibles para explicar y justificar los mejores logros intelectuales y materiales de la humanidad.

Mientras tanto, los tecnófobos, siempre al acecho, no han cesado de anunciar «el futuro sin empleo» e incluso «el fin del trabajo». Ahora, con la IA, vuelven a la carga, contra todas las evidencias empíricas a lo largo de la Historia, que ponen de manifiesto que las nuevas tecnologías y la creación de empleo siempre han ido de la mano. Las reestructuraciones laborales no han consistido en que los ordenadores ocupen puestos de trabajo, sino en que los trabajos con ordenadores vayan reemplazando los trabajos sin ordenadores. Los países e instituciones que retrasan la entrada de nuevas tecnologías perjudican la empleabilidad de sus trabajadores.

Según McKinsey, un tercio de los nuevos puestos de trabajo creados en Estados Unidos en los últimos 25 años se corresponden con ocupaciones que, a los comienzos de dicho periodo, o no existían o eran marginales. Una encuesta realizada en Francia en 2011 halló que Internet destruyó 500.000 puestos de trabajo en los últimos 15 años, pero creó 2,4 nuevos puestos de trabajo por cada empleo destruido.

Norberg, en *Abierto. La historia del progreso humano,* pone de relieve que los gigantes de Internet, como Google, Apple o Tencent, prosperan porque no dependen solamente de la creatividad y habilidad de sus dueños; son ecosistemas pensados para que millones de innovadores puedan impulsar nuevos servicios y llegar a personas a las que nunca han conocido y de las que nunca han oído hablar.

Este epifenómeno social tiene mucho que ver con la vigente ola tecnológica de las TIC y la globalización de la economía; y ello porque las citadas nuevas tecnologías contienen más poder innovador —dentro de cualquier empresa y en cualquier lugar del mundo— que las precedentes, y porque las barreras al comercio y, por lo tanto, a la transmisión de novedades tecnológicas, han desaparecido casi por completo —aunque ahora vuelvan las amenazas— en la mayor parte del mundo.

En las circunstancias descritas carece de sentido plantearse la innovación como una mera arma competitiva; en realidad, es un medio de supervivencia de la especie empresarial en una economía abierta. En la medida en que las TIC se han convertido en una especie de «commodity» —como muy bien ilustró Nicholas G. Carr en su popular libro *Does IT matter?* — que está a disposición de todo el mundo en el mismo tiempo y coste, no basta con emplearlas eficazmente en el sistema productivo: es necesario ir más allá.

Estar al tanto de las novedades tecnológicas e incorporarlas pronto y bien al negocio sirve para seguir compitiendo con dignidad, pero las empresas necesitan exigirse más y replantearse permanentemente no solo la mejor y más eficiente manera de mejorar la productividad, sino, incluso, la propia naturaleza y estructura de la actividad empresarial.

Partiendo de una clásica distinción entre países —innovadores, adoptadores y carentes de tecnologías—, y trasladando esta clasificación al mundo empresarial, cabría decir que las empresas que viven al margen de los avances tecnológicos solo pueden sobrevivir mal y por poco tiempo; las que solo adoptan innovaciones ajenas están condenadas a vivir en una especie de «segunda división» sin esperanza; y solo aquellas que innovan por su cuenta y riesgo pueden aspirar a vivir en el mejor de los mundos posibles: el de la permanente conquista de la excelencia y el liderazgo.

Aunque para Nicholas G. Carr «la tecnología no importa», ello solo es cierto entre quienes disponen de ella; competir hoy con un menor —cuantitativo y cualitativo— nivel tecnológico es lo mismo que hacerlo a «la pata coja».

La competitividad de las empresas en una economía abierta y en permanente transformación requiere el funcionamiento encadenado de cuatro factores: disponer del mejor nivel de equipamientos tecnológicos, desplegar un continuo esfuerzo en formación en el seno de la empresa, innovar sin cesar en procesos, productos y servicios, y contar con un sistema de relaciones laborales flexible y adaptativo a los cambios.

6
La destrucción creativa
La palanca del progreso económico

Hacia 1776, Adam Smith descubrió y puso de manifiesto que el *libre comercio* y la *división del trabajo* propiciaban la riqueza de las naciones. Al cabo de más de siglo y medio, consumada la Revolución Industrial, el austriaco Joseph Schumpeter percibió —recién instalado en Estados Unidos hacia finales de la Segunda Guerra Mundial— que la *destrucción creativa* asociada a la innovación tecnológica que sustituía —no mejoraba solo— los procesos y los productos mediante la creación de otros nuevos, era el impulso decisivo para la sostenibilidad del crecimiento de la riqueza.

Esta luminosa tesis descubre en el empresario innovador la figura clave y el verdadero artífice que sintetiza y da sentido histórico al progreso económico y social. El nivel de población, riqueza económica y estándar de vida que hoy disfruta el mundo son el resultado del progreso tecnológico; y el agente principal del proceso, el empresario schumpeteriano.

La inmediata consecuencia de tal razonamiento es que cuantos más y más exitosos empresarios innovadores tenga un país, más próspero será. Así, cuanto más favorezca la política económica su despliegue y desarrollo, mejor será para todos.

William J. Baumol, el más sobresaliente economista schumpeteriano, definió al empresario innovador, en su ensayo *The*

Free Market Innovation Machine, como «un audaz e imaginativo desviador de conductas y prácticas empresariales establecidas, que constantemente busca la oportunidad de introducir nuevos productos y procesos para invadir nuevos mercados y crear nuevas formas organizativas».

También señalaba que «el emprendimiento es difícil de definir e imposible de medir estadísticamente», y quizás por ello su protagonismo en la historia de la economía ha sido siempre muy vago.

La «máquina de innovar» de Baumol: induce sucesivas innovaciones, la competencia estimula la innovación, y la innovación estimula la competencia; competencia, innovación y comercio exterior se estimulan mutuamente. Además, «la innovación extiende la oferta de recursos limitados».

Los cuatro elementos «baumolianos» de la máquina del crecimiento económico, es decir, de una economía innovadora exitosa, son los siguientes:

1. Debe ser relativamente fácil crear una empresa sin consumir tiempo ni recursos burocráticos y también cerrarla. Debe existir un mercado financiero que funcione bien y un mercado laboral flexible.

2. Las instituciones deben facilitar la actividad empresarial, siendo los derechos de propiedad, el cumplimiento de los contratos y el estado de derecho fundamentales.

3. Las instituciones gubernamentales no deben frenar el crecimiento del tamaño de las empresas, ni dar facilidades a las actividades económicas improductivas, y mucho menos a los buscadores de rentas y a los lobistas.

4. Las instituciones gubernamentales deben asegurar a los emprendedores de éxito y a las grandes compañías ya establecidas que continúen teniendo incentivos para innovar y crecer

Es también justamente famoso Baumol por su imperecedero artículo *Contestable Markets: An Uprising in the Theory of Industry Structure,* publicado en 1982. Son mercados contestables aquellos en los que es posible entrar y salir sin costes para una nueva firma. Muchas empresas ineficientes se mantienen en el mercado, retardando las innovaciones de las entrantes mediante todo tipo de «artes», incluyendo facilidades crediticias y patentes defensivas.

Una consecuencia natural de las innovaciones tecnológicas de éxito es que, hasta la llegada de nuevos competidores, adquieren carácter monopolístico. Los monopolios suelen estar mal vistos, lo que resulta perfectamente adecuado cuando se trata de concesiones del Estado que debieran estar abolidas. Sin embargo, los monopolios resultantes de éxitos innovadores, operando en «mercados contestables» según Baumol, lejos de ser preocupantes, reflejan un hecho muy beneficioso para la sociedad, ya que la ausencia de competidores solo pone de manifiesto la incapacidad de estos para replicar mejores productos o servicios a mejores precios que el monopolio existente, que beneficiado por su innovación y la escala de producción conseguida como consecuencia de su éxito en el mercado, son difíciles de franquear por otros. En todo caso, los monopolios de origen tecnológico han sido siempre perecederos, al resultar vencidos por otros nuevos.

Norberg, en *El manifiesto capitalista. Por qué el libre mercado global salvará el mundo,* nos recuerda que hacia principios de siglo:

- Google era un recién llegado, que se enfrentaba a buscadores como Yahoo, Altavista y MSN Sears. ¿Qué ha sido de ellos?
- Amazon era una nueva librería online deficitaria, sobre la que Lehman Brothers había advertido que probablemente

quebraría en un año; justo lo que le sucedió al banco ocho años después.

- Mark Zuckerberg no había salido de Harvard para fundar Facebook, porque ni siquiera había ingresado en Harvard. Las redes sociales que reinaban entonces eran Sixdegrees, AIM, Friendster y, sobre todo, MySpace. ¿Dónde están hoy?

- Apple era una veterana de la era de los ordenadores personales, pero en crisis, porque su posición dominante temprana no significó mucho en un mercado en rápida evolución. Steve Jobs, que acababa de regresar a la empresa, lanzó el iPod a finales de 2001, y desde entonces no ha hecho sino crecer hasta convertirse, desde hace tiempo, en la empresa más valiosa de la Historia de la mano del más grande empresario schumpeteriano que ha existido en el mundo hasta hoy.

- Motorola era sinónimo de teléfono móvil. Nokia tenía 1.000 millones de clientes en 2007, y la revista *Forbes* se preguntaba entonces si alguien podría alcanzar al rey de la telefonía móvil. ¿Qué hacen ahora?

- Microsoft perdió la transición a la Internet móvil. Su teléfono móvil, Kin, fracasó estrepitosamente para ser sustituido por el poco exitoso Windows Phone. En 2013 compró la división de móviles de Nokia. Ello no dio nueva vida a los móviles de Microsoft, pero acabó con los de Nokia.

- Amazon tiene una larga lista de proyectos que tuvo que tirar por la borda, como Google, Apple, etc. Fracasar es una forma de volver a empezar.

- AOL, Digital, AltaVista, Palm, BlackBerry, Nokia, Netscape, Yahoo, MySpace, Compaq y Kodak han puesto de manifiesto que mantener una posición de liderazgo durante cierto tiempo no garantiza sobrevivir al siguiente cambio de paradigma tecnológico

Más recientemente, Philippe Aghion, Céline Antonin y Simon Bunnel, en su ensayo *El poder de la destrucción creativa. ¿Qué impulsa el crecimiento económico?,* contrastaron empíricamente la hipótesis de Baumol y comprobaron una correlación positiva entre el crecimiento del PIB per cápita y la tasa promedio de entradas y salidas de empresas en los mercados europeos.

La destrucción creativa deja perdedores y puede provocar resentimientos sociales, pero su importancia queda reflejada en un dato estadístico: en 2005, las empresas emergentes generaron el 142 % del neto de empleos nuevos en EE.UU., según los citados autores. Para que la destrucción creativa tenga lugar, el estado debe preservar la competencia y la libre entrada de nuevos innovadores en el mercado, así como regular los *lobbies* y combatir la corrupción.

El paradigma schumpeteriano implica una acumulación progresiva de conocimiento, la necesidad de un entorno institucional favorable, y puesto que la innovación destruye las rentas existentes, precisa de un medio ambiente competitivo.

Una economía innovadora requiere un estado poco intervencionista, que acepte con normalidad que la creación de riqueza puede destruir ciertos intereses creados en libre competencia con otros emergentes, dando por resultado un juego de suma positiva, que termina acrecentando la riqueza de todos.

Todas las regulaciones de los gobiernos favorecen a los intereses creados frente a quienes los desafían desde lo nuevo. Para que la innovación florezca es vital disfrutar de una economía que anima los *outsiders*, los desafiantes y los disruptores. Y puesto que el error es una parte clave de la innovación, las sociedades con actitud más benigna hacia el fallo en los negocios —como EE.UU.— logran mejores resultados, señala Rydley.

Dado que tanto la tecnología como la ciencia son imprevisibles, no se pueden planificar. Nokia gastó, en la última década del siglo XX 40.000 millones de dólares en investigación y desarrollo; muchísimo más qué Apple, Google y cualquier otra compañía de la industria. El año 2000 tenía el 40% del mercado mundial de móviles para desaparecer pocos años después de dicho mercado.

Desde un punto de vista filosófico, las invenciones no proceden de procesos inductivos, y por muchos recursos que se apliquen a estudios de mercado los resultados no están garantizados. Tal y como sucede en la ciencia —según la epistemología de Karl Popper—, la invención es deductiva: procede de ideas convertidas en hipótesis que una vez desarrolladas y probadas, si se demuestra su utilidad social —el mercado— siguen adelante, y si no, hay que abandonarlas. Por ello, las grandes innovaciones han abandonado los centros de investigación de las grandes empresas, que cada vez gastan más en adquirir las nuevas tecnologías inventadas por *outsiders* que en sus propios desarrollos.

De hecho, las grandes corporaciones terminan ahuyentando las innovaciones disruptivas en su seno, ya que es imposible que puedan superar sus filtros burocráticos; desarrollan patentes defensivas contra la entrada de *outsiders* y utilizan su capacidad *lobbýstica* para proteger sus intereses frente a nuevos competidores. Sony pudo haber desarrollado el iPod y quizás el iPhone, pero no quería canibalizar las ventas de su Walkman. A Kodak le pasó lo mismo con la cámara digital.

Hasta un gurú de la innovación como Clayton Christensen, quien en su libro *The Innovator's Dilema: When New Technologies Cause Great Firms to Fail,* exploró los desafíos que enfrentan las empresas establecidas para intentar innovar e introdujo el novedoso concepto de la «innovación disruptiva», cayó en la trampa de profetizar en 2007 que Steve Jobs no tendría éxito con su iPhone: posiblemente, una de las más, si no la principal innovación disrruptiva de la Historia.

En tiempos de una Sociedad de la Información de alcance ecuménico vertebrada por las nuevas tecnologías, las innovaciones de todo tipo pueden crecer y desarrollarse a una velocidad sin igual, hasta alcanzar dimensiones extraordinarias nunca acontecidas, dando lugar a los llamados —despectivamente por los envidiosos de siempre— «superricos». Pero los beneficios schumpeterianos de estos emprendedores no capturan para sí más que una ínfima parte del valor social que generan con sus innovaciones. Según demostró el premio Nobel de economía William Nordhaus en su artículo «*Schumpeterian Profits in the American Economy: Theory and Measurement*», los empresarios schumpeterianos apenas se quedan para si el 2,2% de la riqueza que crean; el 97,8% restante la obtienen la sociedad, y sobre todo los consumidores. Es decir, que si no existieran los superricos, para dar gusto a los envidiosos, incluidos a ilustrados como el neo-comunista Piketty, los ingresos de sus trabajadores, las ventas de sus proveedores y los ingresos fiscales del estado que originan casi el 98% de sus actividades económicas dejarían también de existir.

7
La grandeza innovadora de Steve Jobs
El más grande empresario schumpeteriano de la Historia

Aunque Karl Popper señalara literalmente a Isaac Newton como el cerebro más brillante que haya existido, durante mucho tiempo utilizó a Einstein como ejemplo reiterado y pluscuamperfecto de su epistemología de la ciencia. Desde entonces, el cómo debe ser la ciencia y cómo la ejercitaba Einstein se fusionaron.

Si Einstein se ha consagrado como la quintaesencia del científico en nuestros tiempos, Steve Jobs resultó ser su epítome tecnológico innovador. La grandeza de su legado así lo atestigua.

En su canónica *Biografía*, escrita por Walter Isaacson, también biógrafo de Einstein, le describe el autor como el líder empresarial más innovador y de mayor éxito de nuestra época, y quizás se queda corto.

¿Era Jobs inteligente? No de forma convencional. Pero era un genio. Bill Gates devoraba libros de ciencia por placer durante sus vacaciones, pero nunca creó el iPod. Los arranques imaginativos de Jobs eran instintivos, inesperados y, a veces, mágicos.

Valoraba la sabiduría de la experiencia por encima del análisis empírico. No estudiaba datos ni evaluaba números. Le contaba a su biógrafo que descubrió en la India la intuición como algo muy poderoso, más que la inteligencia. Einstein ya había dicho que «la imaginación es más importante que el conocimiento». Tanto Einstein como Jobs eran unos pensadores muy visuales.

Bill Gates es super inteligente, pero Steve Jobs era super ingenioso. Combinar la apreciación de las humanidades con la comprensión de la ciencia, conectar el arte con la tecnología y la poesía con los procesadores era la especialidad de Jobs.

Las nuevas ideas son solo parte de la educación. La genialidad necesita ejecución. La gente inteligente y con formación no siempre genera innovación.

En 2005, las ventas del iPod se habían disparado, pero Jobs estaba preocupado acerca de qué podría desbaratar aquella buena situación. Se planteó que, puesto que todo el mundo lleva un móvil encima, el iPod podría resultar innecesario. Comenzó a hablar con su amigo Ed Zander, el nuevo consejero delegado de Motorola, para desarrollar un teléfono móvil que además de integrar la cámara digital contara también con un iPod. Así nació el ROKR, un producto feo, difícil de cargar y con un límite arbitrario de 100 canciones, que en nada satisfizo a Jobs; así que comenzó a entusiasmarse ante la posibilidad de fabricar el teléfono que ellos mismos querían utilizar. Por entonces, estaba en marcha en Apple un segundo proyecto. Una iniciativa secreta para fabricar una tableta electrónica. Aquellos planes se entrecruzaron, de suerte que el iPad se plasmó antes en el iPhone.

El diseño del iPhone combinó un cristal irrompible y resistente a arañazos y una carcasa de acero que no podría abrirse ni siquiera para cambiar la batería. El iPhone salió al mercado a un precio de 500 dólares: «El teléfono más caro del mundo, afirmó Steve Ballmer —CEO de Microsoft—, que no resulta atractivo para los clientes empresariales porque no tiene teclado». Lanzado en junio de 2007, a finales de 2010 Apple había vendido 90 millones de unidades y el iPhone recaudó más de la mitad de los ingresos totales del mercado global de teléfonos móviles.

Con el iPod, Jobs había transformado el negocio de la música. Con el iPad y la App Store, comenzó a transformar todos los medios de comunicación, desde la edición y el periodismo hasta la televisión y las películas.

En 2024, Apple vendió más de doscientos millones de iPhones, con una enormidad de aplicaciones disponibles en AppleStore, y tuvo unos beneficios netos por empleado de 570.000 dólares.

Los usuarios de *smart-phones* en el mundo han superado los 7.000 millones, casi el 90% de la humanidad. Después del imprescindible aire que respiramos y también del agua que consumimos, se trata de un producto cada vez más indispensable, que no solo viene ofreciendo crecientes facilidades tecnológicas casi mágicas, sino que gracias a ellas ha generado una infinidad de aplicaciones innovadoras geométricamente crecientes, desarrolladas y accesibles desde y en cualquier lugar de un nuevo mundo sin fronteras. Apple Store dispone, por ahora, de casi dos millones de aplicaciones y cada minuto se añade una nueva. El creciente espacio de innovaciones colaborativas que generó Jobs es tan descomunal como único en la Historia. La expansión de posibilidades, ya acontecida y la que queda por desarrollar, nos sitúan ante una interesante pregunta, que quizás los sociólogos no tarden en formular: ¿de cuantas cosas prescindiría un usuario de un teléfono inteligente, antes que de él?

Recientemente Marc Zuckerberg, CEO de Meta, ha puesto fecha de caducidad a los móviles actuales, qué serán sustituidos en una década por unas gafas de realidad aumentada. Aunque este tipo de profecías fallan más que aciertan, algún día, es impredecible con qué innovación, pero seguramente Apple verá amenazada su actual hegemonía, hasta ahora la más importante de la historia, por otra novedad tecnológica.

8
Los enemigos de la innovación
Tan abundantes como velados

El triunfo de la innovación es necesariamente democrático: nadie lo impone, ni siquiera el poder político, pues sólo tiene éxito si la gente adopta libremente las novedades.

La innovación es una institución paradójica: nadie se declara abiertamente enemigo de ella, pero abundan por doquier; en la sociedad, en los gobiernos, en las grandes empresas y en los muy abundantes y muy bien organizados «intereses creados».

He aquí un listado representativo de ejemplos:

- La *ausencia de libertad*: sin libertad para innovar y comercializar sus frutos, la innovación no florece. Y todavía proliferan ideologías políticas —por ejemplo, en España— que solo parecen existir para generar todo tipo de obstáculos a la libre empresa.
- El *aislamiento social*: los seres humanos aprenden habilidades los unos de los otros, copiando a los individuos más prestigiosos e innovando, cometiendo y superando los errores ocasionales. Una gran población conectada favorece la innovación. Los sociólogos han explicado muy bien el éxito del Silicon Valley por la continua e informal interrelación personal, no solo profesional, de sus habitantes.

- La *cultura social*: desde el triste —y quizás malinterpreta-do— «que inventen ellos» español, a sociedades como la norteamericana ávida de experimentar todo lo nuevo. El conservadurismo social es un enemigo muy considerable de la innovación.

- El *socialismo*; para el profesor Jesús Huerta Soto, «todo sistema de agresión institucional y sistemática en contra del libre ejercicio de la función empresarial».

- La *proliferación legislativa*: que estorba, crecientemente y sin cesar, las innovaciones, para retrasarlas, encarecer-las e incluso hacerlas inviables. Es la principal razón de la creciente distancia entre EE.UU., Europa y España, en innovación, productividad y consecuente crecimiento de la renta per cápita.

- Las *políticas industriales*: que pretenden guiar desde el gobierno —y sus funcionarios, que jamás inventaron nada— los nuevos desarrollos tecnológicos como si fueran previsibles. Tal dirigismo político, originado en entornos socialistas en los años sesenta y setenta del pasado siglo y cumplidamente fracasados, siguen incomprensiblemente vigentes en España y la UE.

- Las *políticas de la competencia*: en contra de la libre con-testabilidad de los mercados. Por ejemplo, los convenios laborales sectoriales y territoriales cartelizan —un delito en los países civilizados— sus mercados y, por tanto, los hacen «incontestables» sin permiso de los intereses creados.

- Los *campeones innovadores* usan su poder para perpetuar-se contra la competencia, mediante la atenta vigilancia e impugnación de nuevas patentes y sus cultivadas «buenas relaciones» con el poder político.

- Las *políticas fiscales*: la estructura impositiva penaliza al capital y al trabajo, factores esenciales de la innovación, y además Hacienda —un verdadero Cuarto Poder del Esta-do— opera siempre —con triste éxito— contra la aplicación de deducciones a la innovación que suelen provenir del Ministerio de Industria.

- Los *bancos centrales*: regando con abundante dinero barato a las grandes empresas incumbentes, para que resistan artificialmente la competencia innovadora.

- Los *lobbies*: que Mancur Olson describió en su *Auge y decadencia de las naciones* como grupos de pillos «amigos» del poder político, que mantienen su *statu quo* a costa del resto de la sociedad, y la consecuente «decadencia de las naciones».

- La *rigidez laboral*: incompatible con todo lo nuevo, imprevisible y cambiante; ámbito en el que España es un país lamentablemente muy sobresaliente.

- El *cierre de empresas:* algo típicamente recurrente en al ámbito innovador, que debiera ser tan o más fácil que crearlas y no lo es. Comenzar de nuevo, algo consustancial con la innovación, está muy perseguido por la reglas de juego de la economía española.

- *Crecimiento del tamaño empresarial:* siendo fundamental para la competitividad de las naciones, se encuentra particularmente amenazado en España por crecientes regulaciones, ilegítimos estorbos sindicales y obligaciones fiscales y administrativas que lo desincentivan.

- *Desprecio a la función empresarial:* tanto en la escuela como en la política, sobre todo cuando gobiernan los socialistas y comunistas, que a todos los niveles no ocultan su antipatía y sus acciones antiempresariales.

En su ensayo *Mass Flourishing,* el premio Nobel de Economía 2007, Edmund Phelps, sostiene que «los principales enemigos de la economía moderna son el socialismo y el corporativismo». Añade que «entre las más grandes economías de alta renta, Francia, Italia España se sitúan en las peores posiciones del *ranking* de barreras legales para entrar en industrias, barreras al emprendimiento, regulación de mercados y protección del empleo», lo que se manifiesta en el estancamiento de sus rentas per cápita. En EE.UU., sin embargo, «en el período 1990-2008, el empleo neto creado por las nuevas empresas se debió casi exclusivamente a las nuevas empresas y todo el desempleo a las viejas».

Aunque el triunfo político de la innovación en las sociedades abiertas es hoy incontestable, ello no significa que las políticas al efecto la beneficien realmente, sino más bien lo contrario. De hecho, según Mokyr, en su *The Lever of Riches*: «Las fuerzas que se oponen al progreso tecnológico han sido superiores a las que favorecen los cambios».

Para North, en *Understanding the Process of Economic Change:* «una sociedad busca-réditos, con abogados especializados en impuestos y camarillas de presión política, ha sustituido al inventor y al ingeniero como principales auxiliares del empresario para obtener más beneficios».

Tal y como revelara Mancur Olson en su citado ensayo, en las sociedades democráticas estables los pequeños grupos que persiguen intereses específicos van aumentando en número y poder, ralentizando y condicionando el proceso de decisión social, y cuanto más específicos son los intereses de esos grupos, mayores son sus posibilidades de prevalecer sobre los intereses generales. Ello conlleva a que cada vez haya menos incentivos para innovar y producir que para batallar por una mayor participación en el producto social».

«Cuando la compra y la venta están controladas por la legislación, lo primero que se compra y se vende son los legisladores», observó el escritor satírico norteamericano P. J. O´Ro.

9
El Progreso
Consecuencia de la libertad y el buen gobierno

Es bien conocido por los historiadores de la economía que la población y la riqueza del mundo apenas crecieron hasta el tiempo de la primera Revolución Industrial ocurrida a finales del siglo XVIII.

El sabio maestro de historiadores, Antonio Domínguez Ortiz, en su erudita obra *España, tres milenios de Historia*, sostiene que apenas sí hubo progreso material en España desde la época de los romanos hasta tiempos de la Ilustración.

A escala europea, Owen Paepke, en *Evolution of Progress,* describe algo similar: «Desde el comienzo del Imperio Romano hasta el siglo XVIII, un periodo de casi dos milenios, las condiciones de vida apenas mejoraron. En la época de Napoleón se comía, se vestía y se vivía en casas de parecidas características a las de la época de los césares». En el pasado previo a la Revolución Industrial, aunque se han encontrado multitud de interesantes invenciones instrumentales, prácticamente ninguna de ellas apalancó suficientemente la economía y el progreso social, que fue casi inexistente por milenios.

Con datos del simpar historiador de la economía mundial Angus Maddison, antes de la Revolución Industrial los crecimientos de la riqueza y la población fueron muy escasos, para dar un prodigioso salto adelante a partir de ella. Durante el periodo 1820-1992, la población mundial creció a una tasa acumulativa media anual que más que triplicó la de los tres siglos previos, mientras que la renta per cápita multiplicaba por treinta su crecimiento anterior.

TASAS DE CRECIMIENTO ANUAL DEL MUNDO

Periodo	Población	PIB	Renta per cápita
1500-1820	0,29%	0,33%	0,04%
1820-1992	0,95%	2,17%	1,21%
1992-2018	1,21%	4,88%	3,56%

Fuente: Elaboración propia con datos de Angus Maddison (1995) & Banco Mundial.

El fabuloso milagro del despliegue de la prosperidad económica y el consecuente aumento de la población, desmintió por completo la famosa tesis de Thomas Malthus, que sostenía que mientras que la población crecía a un ritmo geométrico, la producción de alimentos lo hacía en términos aritméticos, lo que conllevaba necesariamente al hambre, las epidemias y las guerras. La Revolución Industrial inglesa, desmintió por completo tal supuesto malthusiano, que sin embargo el «progresista Club de Roma» volvió a reivindicar, justo cuando estaba a punto de comenzar, la 5.ª ola de progreso asociada a las tecnologías de la información y la comunicación —TIC— que mejorarían aún mucho más los logros de la primera.

En el período 1992-2018, la tasa de crecimiento medio anual de la renta per cápita del mundo multiplicó por tres la provocada por la Primera Revolución Industrial, mientras que la población seguía creciendo a una tasa un 30% mayor que en la época anterior.

El auge de las naciones y los enormes progresos —en todos los ámbitos— de la humanidad a lo largo de la historia se pueden resumir en dos grandes palabras: libertad e innovación. Sostenía el premio Nobel Milton Friedman, en su *Libertad de elegir*, que

> la grandeza de la prosperidad económica radicaba en que aumentaba la libertad de elegir de la gente; porque, efectivamente, disponiendo de más medios económicos podemos optar por mejor educación, mejor salud, mejores condiciones de vida, mejor ocio, cultura, etc., y todo ello a gusto de cada uno.

De todas las ideas que se debatieron en tiempos de la llamada *República de las Letras,* quizás la más crítica fue la revelación de la idea de progreso: científico, tecnológico y eventualmente social y económico.

La idea de progreso está, por tanto, inextricablemente relacionado con la cultura y cómo la gente observa las capacidades y la sabiduría de su propia generación en comparación con las anteriores.

El sabio gurú de la gestión empresarial de origen austriaco emigrado a EE.UU. en 1937, Peter Drucker, sentenció —con imperecedera vigencia— que «lo que no se puede medir, no se puede gestionar», lo que puede aplicarse al progreso.

El progreso existe, y se puede describir y medir, a pesar de sus falsos propagandistas desde Stalin —padre inventor del «progresismo» — hasta nuestros días. Precisamente porque se puede medir y por tanto comparar en el tiempo y entre comunidades sociales, hoy sabemos que vivimos el mejor mundo conocido, mientras que la distancia que separa la vida de los super ricos y los demás es más pequeña que nunca.

Sin embargo, hasta después de la Segunda Guerra Mundial los países no disponían de una cuantificación cierta y precisa de su riqueza. Tuvieron que ser exiliados rusos a EE.UU., quienes primero establecieron las «tablas *input-output*», inspiradas en la planificación soviética de la economía —Leontieff—, y más tarde la «contabilidad nacional» —Kuznets—, que permitió saber a ciencia cierta cuan rico era un país. El primer país que cuantificó su PIB fue EE.UU., después los países europeos y finalmente el resto del mundo.

No mucho más tarde —en 1956—, otro gran economista —Robert Solow, posterior Premio Nobel en 1987— se planteó y resolvió cómo se producía el crecimiento económico de los países: frente a supuestos anteriores, descubrió que el factor determinante del aumento de la riqueza era la innovación en el quehacer económico que, al mejorar la productividad del trabajo, posibilita pagar mejores salarios y aumentar consecuentemente la renta per cápita, que es la verdadera riqueza de las naciones.

Precisando aún más la prosperidad de los habitantes de las naciones, esta está conformada —en términos contemporáneos, pues anteriormente no se disponía de las herramientas, ni de los datos de ahora— por cuatro elementos:

- La *renta per cápita*, que aunque ha recibido críticas, es lo que mejor refleja —basta viajar para observarlo— y distingue a los países ricos de los pobres.
- La *riqueza* que atesoramos, fundamentalmente: propiedad inmobiliaria, planes de pensiones y ahorros financieros.
- La *distribución personal* de la riqueza que, según el acreditado Índice de Gini, puede ser más o menos desigualmente repartida.
- Las *condiciones de vida*: longevidad, salud, libertad, estado de derecho, seguridad…, etc., de las personas.

De todo lo expuesto, el elemento más importante y del que dependen los demás, es la renta per cápita; de ella además disponemos de más y mejores datos comparativos en el tiempo y por países.

En un reciente ensayo monográfico sobre el progreso, *Enlightenment Now. The Case for Reason, Science, Humanism and Progress,* su autor, Steven Pinker, establece que para la mayor parte de la gente:

> la vida es mejor que la muerte, la salud es mejor que la enfermedad, la buena alimentación es mejor que el hambre, la paz es mejor que la guerra, la seguridad es mejor que el peligro, la libertad es mejor que la tiranía, iguales derechos son mejores que la intolerancia y la discriminación, el alfabetismo es mejor que el analfabetismo, el conocimiento es mejor que la ignorancia, la inteligencia es mejor que su ausencia, la felicidad es mejor que la miseria, las oportunidades de disfrutar de la familia, los amigos, la cultura y la naturaleza son mejores que las drogas y la monotonía. Pues bien: todas estas cosas pueden ser medidas, y si mejoran a lo largo del tiempo, esto es el progreso.

Por su parte, el historiador sueco Johan Norberg, en *Progress: Ten Reasons to Look Forward to the Future,* prueba con datos que a nivel mundial:

- *Nutrición*: Entre 1945 y 2015, la población desnutrida del mundo se dividió por cinco; del 50% pasó al 10%. Entre 1961 y 2009, las tierras cultivadas se incrementaron un 12%, mientras que la producción se multiplicó por tres (justamente el polo opuesto a los desastres cosechados por los progresistas Stalin y Mao).
- *Agua & Sanidad*: En el periodo 1980-2014, el acceso al agua potable pasó del 50% a más del 90% de la población mundial, y las redes sanitarias se extendieron del 25% al 70%.
- *Esperanza de vida*: En el último siglo se duplicó, pasando de poco más de 30 a 70 años; y entre 1960 y 2010 ganó veinte años. Desde 1950, la esperanza de vida ha crecido más que en dos milenios.

- *Pobreza*: Si a comienzos del siglo XIX el 90% de la población mundial era pobre —ingresos diarios entre 1 y 2
dólares— en 2015, se había reducido a menos del 10%. En
los últimos 25 años se dividió por cinco.
- *Violencia*: La democracia —el voto popular— es enemiga
de la guerra. El terrorismo es espectacular, pero sus vícti-
mas son muy pocas.
- *Medio ambiente*: La pobreza no mejora el medio ambiente
(Indira Gandhi). La polución en el Reino Unido se ha reducido en dos tercios entre 1970 y 2015; lo mismo que en
EE.UU. entre 1980 y 2014. En Europa, los bosques han
crecido más de un 0,3% anual desde 1990 hasta 2015. Las
reservas de todos los recursos que el Club de Roma consi-
deraba —en descenso se han incrementado, algunos cuatro veces—.
- *Analfabetismo*: Entre 1820 y 2010, la tasa de analfabetos ha
descendido desde el 90% al 10% de la población mundial.
Las mujeres las más beneficiadas.
- *Libertad*: Si en 1800 había 60 países con esclavitud, en el
siglo XXI no hay ninguno. En 1900 no había un solo país
con democracia —un hombre o mujer, un voto—; en 1945
ya había un 31% de población mundial con derecho a
voto, y a comienzos de este siglo ha alcanzado el 58%. Se
ha avanzado más en las últimas dos décadas que en dos
milenios.
- *Igualdad*: Hacia 1950 solo el 5% de los americanos apro-
baban matrimonios interraciales; en 2008 ya alcanzaban el
80%. El derecho a voto de las mujeres comenzó en 1944
en Francia, en 1947 en Italia y en 1971 en Suiza. Hoy solo
Arabia Saudita y el Vaticano lo excluyen. Los matrimonios
homosexuales están cada vez más extendidos en el mundo.
- *Nuevas generaciones*: El trabajo infantil ha pasado de casi
el 30% al 10% en el mundo entre 1950 y 2012; en Viet-
nam ha pasado del 45% al 10% entre 1993 y 2006. Con

un móvil en el bolsillo de todos los jóvenes, el futuro les pertenece.

Daniel Waldenström, en *Richer & More Equal: A New History of Wealth in the West*, añade a los datos anteriores que: «el mundo es hoy mucho más rico que hace siglos; el siglo XX democratizó la riqueza, que se ha visto notablemente menos concentrada durante los últimos 100 años». Estos hechos descartan la falacia del juego de suma cero, típico de la ideología socialista, como el famoso y muy «progresista» —por el abrumador fracaso de sus predicciones— Club de Roma, que anunció en 1972 que el mundo había alcanzado un nivel económico que no podía crecer más por el agotamiento de los recursos naturales. Desde entonces, además de equivocarse por completo en sus profecías sobre los recursos naturales, el mundo ha experimentado el mayor crecimiento de población, riqueza y renta per cápita de toda su historia.

Todos estos logros de la humanidad han sido posibles gracias a la innovación tecnológica (Salow) y los marcos institucionales (North) que la posibilitaron. Hans Rosling, por su parte, explica muy bien en *Factfulness,* que como consecuencia de la casi desaparición del comunismo, la liberalización y globalización de la economía y las nuevas tecnologías digitales, el mundo ha crecido tanto que la pobreza extrema ha quedado reducida a menos de 1.000 millones de personas —casi todas africanas— cuando hace pocas décadas superaba los 3.000, para añadir que «ello es ignorado por quienes más dicen defender a los pobres y por supuesto por los medios de comunicación, que venden mejor las malas que las buenas noticias».

Otro ensayo contemporáneo de Marian L. Turpy y Gale L. Poolly, *Superabundance,* comienza así:

> El apetito humano por las películas apocalípticas es muy real. A pesar de que el mundo se ha vuelto más rico, más sa-

ludable, mejor alimentado, más libre, mejor educado y más seguro, y en cierto modo más respetuoso por el medio ambiente, desde la década de 1950 el número de películas que aluden a algún tipo de desastre inminente ha ido en aumento. Mientras que el mundo ha experimentado un tremendo progreso, sin embargo, la ficción se ha centrado en todo lo contrario. La evolución humana nos ha conducido a enfocarnos en lo negativo.

La tesis principal del libro da la vuelta por completo al pensamiento económico convencional. Tumba el consenso histórico, comúnmente asociado con el reverendo Thomas Malthus. Los autores se inspiran en el difunto de economista Julian Simon para mostrar que la escasez más importante de todas sería la de contar con menos vidas humanas. La mejor prueba es

> el aumento de la población mundial, que desde 1800 se ha multiplicado por ocho, y además está compuesta por personas que en promedio viven 45 años más que sus antepasados y consumen muchos más productos básicos y de otro tipo que quienes vivieron antes que ellos.

Partiendo de 1850, se demuestra que

> durante más de siglo y medio la abundancia de recursos medida en precios tiempo ha aumentado a una tasa del 4% anual. Por tanto, la economía mundial ha multiplicado por siete su tamaño cada 50 años. Ello significa que con cada incremento en el crecimiento de la población, los recursos globales se multiplicaron por ocho. La economía prospera en la medida en que el conocimiento, intrínsecamente disperso en las mentes de todos los individuos, se complementa con una dispersión similar del poder. Los mercados libres y los precios no controlados suelen conducir a ese objetivo. Las alianzas de gobiernos y empresas frustran tal avance.

A comienzos de la Era de la Información, C. Owen Paepke, publicó *The Evolution of Progress: The End of Economic Growth and the Beginning of Human Transformation.* Un ensayo que analizaba la evolución del progreso humano, sugiriendo que el crecimiento económico material —como el antes expuesto— estaba llegando a su fin y que la humanidad se encontraba en el umbral de una transformación significativa basada en la biotecnología y la transformación humana. Esta perspectiva sugiere que, aunque el progreso material pueda estar desacelerándose, la capacidad de modificar y mejorar las características humanas podría definir el próximo capítulo de nuestra evolución.

Paepke analiza cómo el progreso ha sido un factor fundamental en el desarrollo de la civilización occidental sobre la base de las instituciones sociales y la innovación tecnológica, que han transformado diversos aspectos de la sociedad, incluyendo el trabajo, el comercio y la organización social.

Norberg plantea por su parte que,

> si se preguntara a la gente cuánto estarían dispuestos a pagar por mantener un determinado bien o servicio a su alcance, muchos no renunciarían a Internet ni por un millón de dólares, pero el PIB solamente refleja ese precio de forma ínfima, al contabilizar quizás la muy escasa suma que pagamos con nuestra conexión de banda ancha.

Añade que, «si incluyéramos los motores de búsqueda, el servicio de correo electrónico y los mapas digitalizados en nuestra medida de riqueza, solo con estos tres servicios digitales el PIB per cápita, aumentaría aproximadamente un 50%».

Por todo lo dicho, una gran parte del progreso material que se ha descrito tiende hacia una evolución asintótica, mientras que nuevos y crecientes elementos contribuyentes para una vida mejor plantean nuevas preguntas como: ¿de cuantas cosas prescindiría la gente antes que del teléfono inteligente y tantos otros dispositivos que se han integrado en nuestra vida diaria? El maravilloso misterio de la creatividad humana seguirá respondiendo a tales desafíos.

Dado que se ha convertido en incuestionable la tesis que relaciona la investigación y desarrollo, la popular I+D, como la fuente principal del progreso de las naciones, algunos economistas neo-comunistas, como Mariana Mazzucato, están tratando de demostrar que la I+D pública es más decisiva que la privada. Eso sí, no ha perdido el tiempo en demostrar cuanta innovación existe en el mundo procedente de la I+D de la URSS.

Sin embargo, en 2003, según pone en relieve Matt Ridley en *How Innovation Works*, la OCDE publicó un documento sobre la fuentes del crecimiento económico que dejaba claro que entre 1971 y 1998, «mientras que la inversión privada en I+D afectaba positivamente a la tasa de crecimiento económico de los países, la inversión pública no».

Cabe añadir que, con datos de National Science Foundation de 2020, en el periodo 1964-2018, que albergó el mayor *boom* innovador de la Historia, el gasto público en I+D en EE.UU. decayó del 1,8 al 0,6% del PIB, mientras que el privado pasó del 0,8% al 2%.

10
Europa *versus* Estados Unidos
Una divergencia grande y creciente

La innovación necesita de la libre competencia —el aire para respirar— en los mercados, mientras se beneficia mucho y bien de su dimensión. Además de la libertad económica, la unidad de mercado —una consecuencia de aquella— es también un factor esencial para que la innovación pueda alcanzar su máximo esplendor. Estados Unidos es el país que más innova en términos absolutos y relativos porque —además de otras razones que veremos después— se beneficia del mayor mercado homogéneo del mundo, lo que incentiva —y mucho— la innovación. Cualquier innovación puede tener premio, incluso si su porcentaje de éxito es pequeño: una pequeña cuota del mercado hace millonario a cualquier empresario y un gran líder mundial.

Una de las más importantes razones por las que la Unión Europea es menos innovadora que los EE.UU. radica en la ausencia de un verdadero mercado único interior que pueda competir por dimensión agregada homogénea con aquel.

Quién inventa en un gran mercado, además de beneficiarse de sus economías de escala, puede competir después en cualquier otro de dimensión reducida; lo contrario es imposible. Además, estas obvias ventajas se trasladan a la captación de talento innovador, que tiene más incentivos para operar en mercados homogéneos de gran dimensión; y no solo por el mayor potencial de éxito comercial, sino porque los factores de producción —incluida la financiación de los nuevos proyectos innovadores— son más abundantes y competitivos. Lo dicho explica que EE.UU. siga siendo —sin competencia posible— el país que presenta el mejor saldo de captación de talento del mundo; toda una garantía para su futuro.

Las políticas de la competencia en Europa están más orientadas al presente —resultados en materia de reparto de los mercados y niveles de precios— que al futuro: la libre entrada y salida de los mercados que favorece la innovación. Las consecuencias están a la vista: Europa no solo ha venido creciendo menos que EE.UU., sino que cada vez lidera menos mercados en el mundo, aprisionada entre quienes compiten por costes de producción de tecnologías existentes —como es el caso de China— y quienes desafían las fronteras tecnológicas y descubren nuevos productos y mercados, como EE.UU.

Con datos de un reciente estudio del Centro de Análisis de la Sostenibilidad y del Modelo (CASME), de la Fundación CIVISMO, titulado *¿Por qué la economía de EE.UU. aventaja a la europea?,* se observa cómo el PIB per cápita, la productividad, la innovación y la libertad se encadenan para marcar las diferencias:

- Desde 1980, el PIB de la UE ha pasado de representar el 28,6% de la economía mundial al 16,7% en la actualidad, a pesar de que el número de miembros se haya multiplicado por tres. En igual periodo, el PIB de EE.UU. ha mantenido su peso relativo: el *25,4% del PIB mundial.*
- Entre 2007 y 2022, el *PIB de* EE.UU. ha crecido un 28,4%, *más del doble que la Eurozona* (12,9%) y el cuádruple que España (7,5%).
- EE.UU. no solo crece más en los períodos de expansión, sino que *se recupera mucho antes de las crisis,* gracias a un

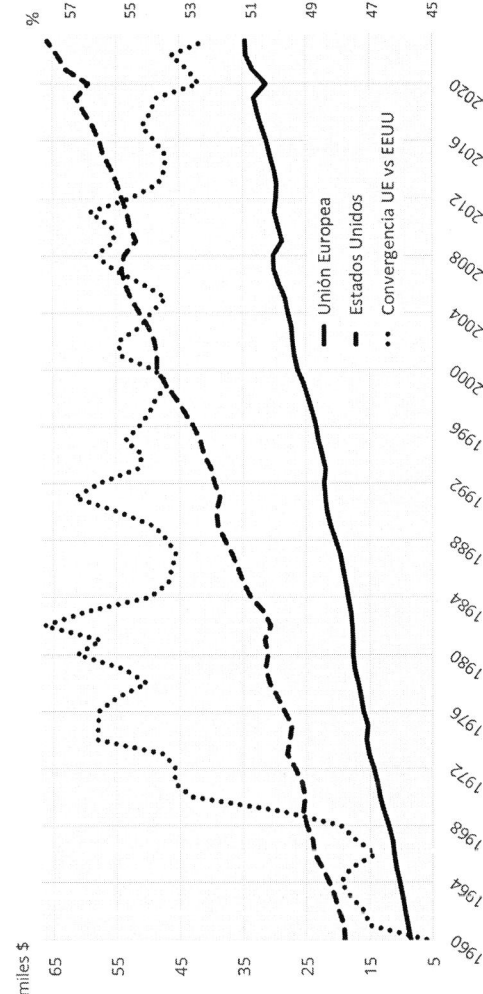

EVOLUCIÓN & CONVERGENCIA

UNIÓN EUROPEA & ESTADOS UNIDOS

Renta per cápita en dólares constantes de 2015

Leyenda:
— Unión Europea
■ Estados Unidos
⋯ Convergencia UE vs EEUU

Fuente: Banco Mundial (PIB per cápita, $ constantes 2015)

Elaboración: Rafael Parra

eficiente mercado laboral, menor presión fiscal, descentralización administrativa, precios energéticos más baratos, menos regulación, mercado único y una cultura proclive al esfuerzo y al emprendimiento.

- Entre 1995 y 2022, la *productividad por hora trabajada en EE.UU. creció un 48,7%, casi el doble que la eurozona,* un 28,8%.

- La *negociación individual de los salarios es mucho más frecuente en EE.UU.*, mientras que en Europa la negociación colectiva alcanza casi el 100% en Italia y Francia y más del 80% en España. El sistema individual posibilita que el trabajador trate de ser más eficiente, exija un mayor salario y que las empresas crezcan. En los países con mucha mayor negociación colectiva, el PIB por hora trabajada tiende a estancarse. EE.UU. es el país con el mercado laboral más flexible, y en el que los salarios y la productividad de cada trabajador están más vinculados.

- En EE.UU., los ingresos públicos representaron un 30,5% del PIB en el periodo 2002-2022, frente al 45% de la Eurozona; mientras que los *impuestos al trabajo están entre los más bajos del mundo.*

- Los hogares *norteamericanos disfrutan una baja tributación del consumo*, tres veces inferior a los principales países europeos. Su capacidad de compra —el poder adquisitivo de los salarios— es, por tanto, mayor. El consumo per cápita en paridad de poder de compra, en puntos, según Eurostat, sitúa a EE.UU. en el primer lugar, con 164 sobre 100 de la UE y 85 de España.

- La tasa de creación de empresas en EE.UU. es equivalente a la de la UE, pero las expectativas de crecimiento son distintas: la inversión en *capital riesgo en EE.UU. multiplica por doce la de Alemania y Francia,* por 21 la de Italia y por 31 la de España.

- PitchBokk calcula que *en EE.UU. hay 720 unicornios con un valor de 2,4 billones de dólares, frente a 97 en la* UE con apenas 284 millones.

- *En EE.UU. es más fácil cerrar una empresa* que en la UE, lo que explica que la economía se recupere allí con más fuerza que en cualquier otro país europeo.

- El *exceso de regulaciones en la UE* restringe la tasa de entrada y salida de las empresas a los mercados, y por tanto la creación de empleo, frente a EE.UU.

- EE.UU. está al frente de la inmigración sobre todo aquella que genera mayor valor añadido. *El índice de atracción de talento sitúa a Suiza en la cabeza, seguida de Noruega Canadá y Estados Unidos.* España ocupa aquí la posición número 24 de la OCDE.

- *EE.UU. también retiene mejor el talento nacional* que Europa, pues solo pierde una décima parte de la suma de los principales países europeos.

- Entre las *100 universidades con más actividad empresarial* emprendedora entre sus estudiantes sin graduar, *66 están ubicadas en Estados Unidos.* La UE solo tiene dos universidades en este ránking. Las *start-ups* fundadas por estudiantes universitarios en EE.UU. multiplican por más de 20 las de los países europeos.

- El *coste de la energía en EE.UU. es sustancialmente más barato* que el del país más barato de la UE, y no sufre impuestos adicionales al consumo. La normativa medioambiental es también menos estricta en EE.UU.: mientras que en EE.UU. representa un 0,6% del PIB, en la OCDE es del 1,4% y en la UE el 2,1%.

- Los empresarios *estadounidenses apuestan decididamente por sectores de futuro, mientras que los europeos tratan de repetir éxitos pasados.* En la UE escasean los proyectos dirigidos a mejorar la competitividad de las empresas.

- La *inversión en I+D el para servicio de telecomunicaciones en EE.UU. multiplicó por siete la europea* en la última década. También en productos de telecomunicaciones y en el sector sanitario las cifras de EE.UU. triplican las europeas.

- La *UE ha estado más interesada en regular la IA que en aprovechar todo su potencial*, y también se ha quedado bastante atrás en la utilización de superordenadores.

- La mitad de las ayudas de la Política Agraria Común se dirigen a pequeñas explotaciones, lo que frena la mejora de la productividad. En EE.UU., la política Agraria es más laxa, lo que permite el desarrollo de cultivos con mayor rendimiento. *Entre 2000 y 2021, la producción agraria en EE.UU. se incrementó un 26,4%, mientras que en la UE permaneció estancada.*

- Mientras que en EE.UU., la renovación de los ránkings empresariales está a la orden del día, en Europa todo permanece igual, nada cambia; como si el mundo se hubiera detenido. Ridley, en su *How Innovation Works*, detalla que «de las 100 mayores empresas europeas, ninguna se creó en los últimos 40 años. En Alemania solo dos fueron fundadas después de 1970, en Francia una y en Suecia ninguna».

En una conversación privada en 2008 sobre temas tecnológicos con Felipe González, poco después de ser nombrado presidente por el Consejo Europeo de un grupo de reflexión sobre el futuro de la UE, titulado «Horizonte 2020-2030», me confesó, justamente, que la gran ventaja competitiva de EE.UU. frente a Europa consistía precisamente en la permanente renovación de sus ránkings empresariales. Una sabia intuición que, tristemente, mantiene su vigencia. Más tarde sostendría en público que «en su opinión, la UE debería reconocer el fracaso de su estrategia y explicárselo a los ciudadanos».

11
El caso español
Sus luces y sus sombras

Situación de partida
Muy preocupante

Tras décadas de progreso y convergencia con Europa, España está viviendo un drama histórico: por primera vez en nuestra reciente historia en tiempos de paz, y coincidiendo con los gobiernos socialistas de este siglo, nos estamos alejando, y cada vez más, de Europa. El crecimiento de nuestra renta per cápita ha venido siendo entre negativo y muy escaso, como se puede observar en el cuadro siguiente.

En él se observa que, entre 1960 y 1975, el crecimiento de nuestra renta per cápita fue extraordinario —el mayor registrado nunca en Occidente—, lo que acentuó nuestra convergencia con la media europea hasta casi igualarla. Durante la transición política y hasta 1985 nos fuimos alejando de la UE como consecuencia de las políticas socialistas de los Pactos de La Moncloa, para recuperarnos de nuevo hasta alcanzar y mejorar incluso la cima anterior en 2004 con Aznar. Desde entonces, con Zapatero dimos marcha atrás a toda velocidad, con Rajoy se produjo una clara recuperación y, finalmente, con Sánchez la mayor caída relativa de nuestra historia —regresamos al nivel de 1963—, de la que apenas estamos comenzando a salir ahora. La citada y muy acusada divergencia con Europa coincidió con dos muy severas crisis mundiales: la crisis financiera de 2008 y el COVID posterior; pero, puesto que ambas afectaron a todos los países por igual, nuestro decaimiento relativo solo es atribuible a los gobiernos de entonces. Hubo países como Irlanda, Suecia, Alemania o Dinamarca que, en cambio, salieron ganando de las crisis.

¿Y cuáles son las razones concretas de nuestra decadencia? La respuesta la ofrece un reciente informe de la Fundación del BBVA, titulado: *El comportamiento de la productividad en España 1995-2022*, que hace aportaciones de mucho valor:

- El *crecimiento del PIB* entre 1995-2022 se ha basado especialmente en acumulación de capital y trabajo, y nada en mejoras de la PTF (Productividad Total de los Factores).

- Nuestros *niveles de productividad* del capital en 2022 seguían muy por debajo de los de finales del siglo XX.

- En *productividad por hora trabajada* durante el periodo 2000-2020, España ocupó el último lugar de la OCDE.

- El nivel de la PTF no había alcanzado en 2022 ni el 92% del de 1995. Llevamos más de *veinticinco años sin ganancias de PTF*.

- Mientras que la *PTF* aumenta en la mayor parte de las economías de la OCDE, en España e Italia se reduce.

- España ocupa la última posición en la inversión en activos intangibles I+D, *software*, diseño, formación, etc., que mientras en los países de referencia supera la de tangibles, aquí solo alcanza poco más de la mitad.

- La falta de avance de la eficiencia productiva en España coincide con crecimientos en las demás economías, debido a pobres resultados educativos, demasiados universitarios

EVOLUCIÓN & CONVERGENCIA

ESPAÑA & UNIÓN EUROPEA

Renta per cápita en dólares constantes de 2015

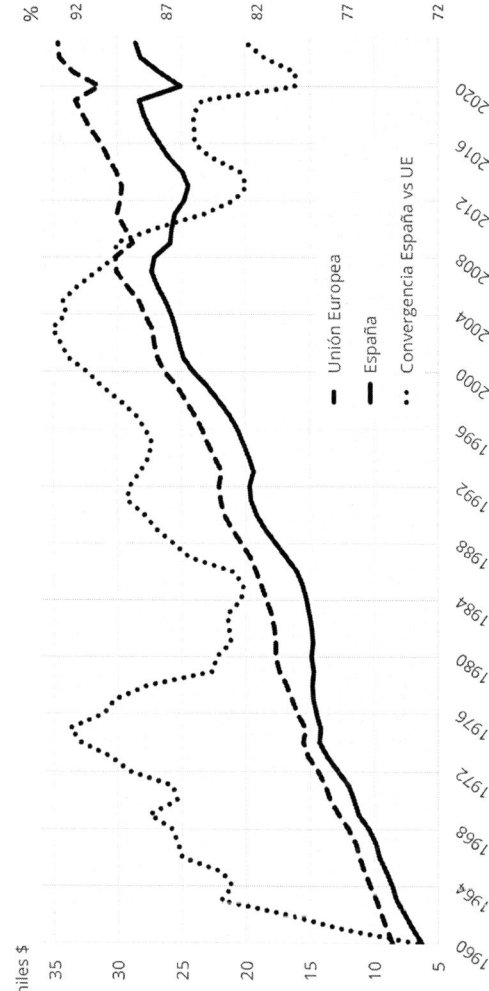

Fuente: Banco Mundial (PIB per cápita, $ constantes 2015)

Elaboración: Rafael Parra

titulados sin empleabilidad, una baja tasa de empleo, escasa inversión en intangibles, marco normativo que no estimula la competencia ni favorece la innovación y su difusión, un mercado de trabajo que no favorece la creación de empleo, escasa dimensión empresarial, etc.

- La dimensión del sector productor de las TIC es muy pequeña, cuando es el más intensivo en inversión en intangibles e I+D.

Todo lo dicho se puede resumir así: tenemos un nivel de productividad escaso y estancado debido a un muy pobre despliegue de la innovación en el quehacer de nuestros tejidos productivos.

Universidad, Ciencia e Innovación
Una interrelación inoperante

¿Y cómo estamos en cuanto a los fundamentos científicos de la innovación tecnológica?

Aunque ya se ha visto que la relación entre la ciencia y la innovación es más bien aleatoria, es obligado detenerse a analizar cómo funciona la producción científica propia de las universidades y la innovación tecnológica. El profesor emérito de la Universidad Politécnica de Madrid, Alfonso Rodríguez Navarro, en un artículo reciente, titulado: *El modelo de investigación en el futuro de la Unión Europea*, ha puesto de manifiesto la falsa paradoja europea basada en una ilusoria excelencia científica. La paradoja se sustenta en comparaciones del número de publicaciones científicas y patentes, ignorando que el número de publicaciones no determina la excelencia científica, ni, cabe añadir, que se conviertan en innovaciones.

Para el autor: «En los últimos 20 o 30 años, la capacidad innovadora de la UE ha ido decayendo. Actualmente, en las tecnologías económicamente más importantes, las diferencias con EE.UU. y China empiezan a ser abrumadoras y amenazan a la UE con una lenta agonía económica».

En el caso de España, según la Ley de la Ciencia, la Tecnología y la Innovación de 2022, «nuestra investigación ha alcanzado estándares de excelencia investigadora perfectamente homologables a su posición económica y geopolítica en el panorama internacional». Ello induce a pensar que, como el 2% de nuestras publicaciones está en la élite del 1% mundial más citado, nuestra ciencia es excelente, lo cual no es cierto. Se trata de una apreciación meramente burocrática que pasa por alto lo que verdaderamente importa: ¿cuánta investigación española se sitúa en la élite mundial? ¿cuántas patentes genera? ¿cuántas patentes se convierten en innovaciones? ¿cuántas innovaciones tienen éxito en los mercados? La evaluación de Japón es mucho peor que la de España y correspondería a un país en vías de desarrollo; sin embargo, ha tenido 17 premios Nobel en este siglo y globalmente es el país con mayor número de familias de patentes triádicas en relación al PIB.

¿Por qué EE.UU. tiene mejor investigación que la UE, que sin embargo les duplica el número de publicaciones en relación al PIB? Solo una política dirigida al número de publicaciones y no a los descubrimientos convertidos en innovaciones puede explicar las diferencias. En la UE, por cada premio Nobel de física, química o fisiología/ medicina, el número de publicaciones es cuatro veces más alto que en Estados Unidos.

Además de todo lo dicho, en el caso español cabe añadir dos problemas muy importantes: la burocracia universitaria relacionada con la creación de nuevas empresas innovadoras asociadas a investigaciones científicas generadas en su seno carecen de empatía administrativa alguna con ellas, creando dificultades gratuitas e incluso absurdas a su desarrollo, que llegan incluso a sortear la legislación mercantil. Además, la conciliación de la carrera académica con la empresarial es prácticamente imposible; justamente lo contario que en EE.UU., donde ser profesor universitario y empresario de éxito es algo habitual.

Un gobierno responsable afrontaría seriamente la clara desavenencia de nuestra ciencia universitaria con el mercado, en vez de congratularse de la ridícula excelencia universitaria expresada en *papers* que no sirven para nada.

En el último informe de la OCDE —fechado en marzo de 2025— sobre el esfuerzo en investigación y desarrollo de los países, el primer lugar lo ocupa Israel con un 6,3% de gasto sobre PIB, seguido de Corea del Sur con un 5%, Taiwan con un 4,0%, Suecia con un 3,6%, EE.UU. y Japón con un 3,4% cada uno, Bélgica, Suiza y Austria con un 3,3%, Alemania y Finlandia con un 3,1%, Dinamarca con un 3%, Reino Unido con un 2,8%, Irlanda con un 2,7%, China con un 2,6%, Holanda y Francia con un 2,2%, Eslovenia con un 2,1%, Noruega con un 1,9%, Singapur, Estonia, Chequia y Canadá con un 1,8%, Portugal y Australia con un 1,7%, Irlanda y Polonia con un 1,6%, y España con un 1,5%. La media de todos los países desarrollados miembros de la OCDE es del 2,7%.

Resulta evidente que la posición española es y debe ser manifiestamente mejorable, pero se trata de una situación que no forma parte de los objetivos ni de los intereses al menos del actual gobierno, mucho más interesado en repartir lo que no tiene —vía endeudamiento— que en mejorar la productividad y el crecimiento de la economía española mediante iniciativas que promuevan la innovación empresarial vía esfuerzos mayores y crecientes en I+D.

Puesto que es seguro que los políticos de turno y el profesorado universitario difícilmente puedan por sí mismos —debido a su nula experiencia empresarial— afrontar el problema, su posible y exigible responsabilidad social debería conducirlos a tratar el asunto con quienes de verdad lo conocen a fondo: la industria del capital riesgo.

En España, aun con menos experiencia y más limitaciones que en la patria —EE.UU.— del capital riesgo, contamos con un buen puñado de inversores de capital privado en empresas de todo tipo, aunque tristemente en pocas *start-ups* tecnológicas. En todo caso, saben de sobra qué se puede y debe hacer para aprovechar nuestra potencialidad científica y proyectarla a los mercados. ¿Por qué no contar con sus experiencias y colaboración? ¿Cuántos miembros del gobierno, a cualquier nivel, pueden acreditar alguna experiencia empresarial innovadora?

Además, cabría considerar experiencias de éxito en países como Israel, líder mundial en I+D y además en la financiación a riesgo de sus empresas innovadoras. Entre las propuestas que se hacen más adelante al respecto, algunas proceden de experiencias israelitas de éxito.

Con el reloj tecnológico en hora
En disponibilidad de las TIC, pero no en su desarrollo

Hacia mediados de los años 60 del pasado siglo, España, como el resto de Europa, disponía de un doble monopolio de telecomunicaciones, tanto en la provisión de servicios como la fabricación de equipos para prestarlos. La Compañía Telefónica Nacional de España —CTNE—, prestadora de los servicios de telecomunicaciones tenía un único suministrador de equipos de conmutación, transmisión y cables —las grandes especialidades técnicas de entonces—: la empresa de capital norteamericano Standard Eléctrica S.A., filial de la multinacional ITT.

Con la llegada a la presidencia, en 1965, de la CTNE de Antonio Barrera de Irimo, se produjo un cambio copernicano de política industrial con resultados prodigiosos.

Se pusieron en marcha la diversificación tecnológica y la regeneración industrial del sector: el monopolio de suministro de equipos protagonizado hasta entonces por Standard Eléctrica S.A. dejó de existir con la incorporación al mercado de tres nuevas empresas competidoras preseleccionadas entre las mejores del mundo, mediante un modelo de alianza industrial con la propia CTNE.

Tal modelo implicaba compartir a medias la propiedad de la nueva empresa en España, adquirir compromisos básicos de compras que pudieran justificar la fabricación competitiva de equipos en España mediante un plan de completa producción industrial a lo largo de los primeros años, la creación de un departamento de investigación y desarrollo para ir reduciendo en el tiempo la dependencia tecnológica exterior, así como de otro departamento de exportación para diversificar la clientela de la empresa en los mercados internacionales y reducir la dependencia comercial con la CTNE.

Los socios tecnológicos elegidos fueron la compañía sueca Ericsson para fabricar equipos de conmutación telefónica, la italiana Telettra para hacer lo propio con equipos de transmisión por cable y radio, y la norteamericana General Cable para la fabricación de cables.

El modelo de sociedades mixtas implantado resultó un extraordinario éxito en todas las direcciones. Cuando Barrera de Irimo dejó la presidencia de CTNE para más tarde ser nombrado ministro de Hacienda, España ya aventajaba a Francia en teléfonos per cápita, y un poco más adelante sus empresas industriales filiales generaban magníficos resultados en I+D y exportaban sus nuevas tecnologías. Ningún país europeo llegó tan pronto y tan lejos como España en este proceso de reestructuración tecnológica e industrial.

Por entonces, la CTNE era la única operadora privada europea de telecomunicaciones que cotizaba en bolsa con una cierta participación del Estado.

Cuando, más tarde, se produjo la liberalización de los mercados de telecomunicaciones a nivel europeo, Telefónica —el nuevo nombre que el presidente Luis Solana le había asignado—, libre de las ataduras de las demás operadoras europeas que habían venido siendo —como el servicio de correos— meros departamentos gubernamentales integrados por funcionarios públicos, pudo operar con más agilidad y eficiencia que las demás y, además, extenderse internacionalmente como ninguna otra.

Hacia principios del siglo XXI, en el emblemático seminario internacional de telecomunicaciones de la Universidad Internacional Menéndez Pelayo de Santander, como presidente de AETIC —(Asociación Española de empresas de las Tecnologías de la Información y la Comunicación) planteé que por primera vez en la historia que «España tenía su reloj tecnológico en hora» en el ámbito de la quinta ola tecnológica.

Desde entonces, aquella tesis se ha venido cumpliendo sin cesar, hasta el punto de que España se haya convertido —entre los grandes países— en el país de referencia europeo en el ámbito de «la economía y la sociedad digital», superada, y por poco, por los países nórdicos.

Con los últimos datos disponibles de la Comisión Europea, *Digital Economy and Society Index (DESI) 2022*, he aquí la distinguida posición que ocupa España:

ÁMBITO	Posición
% de personas con habilidades digitales básicas	6º
Índice Economía & Sociedad Digital	6º
Capital humano digital	10º
Conectividad digital	2º
Cobertura banda ancha muy alta capacidad	4º
Cobertura fibra óptica	1º
Cobertura móvil	100%

Hogares con suscripción a banda ancha +100Mps .... 1°
Penetración móvil banda ancha... 7°
Precio más barato móvil banda ancha.............................. 6°
% ventas on-line .... 8°
Servicios públicos digitales .... 5°
Usos públicos interactivos... 15°
Servicios públicos digitales para ciudadanos................... 6°
Servicios públicos digitales para empresas....................... 5°
Open Data..

Sin excepción, España se sitúa:

- A la cabeza de la UE,
- Siempre mucho mejor que la media de la UE, Alemania, Francia e Italia,
- Solo superados, normalmente, por Dinamarca, Suecia y Holanda.

La situación descrita procede de la primera década de este siglo y, con el tiempo, se ha ido consolidando e incluso mejorando.

Las tecnologías de la información y las telecomunicaciones, las hoy populares TIC —quinta ola tecnológica de nuestra historia—, están cumpliendo una tarea innovadora como ninguna otra de las precedentes. Su ecuménica y rapidísima difusión en todos los países y sectores económicos, incluidos los servicios, está produciendo, gracias a la innovación transversal que procuran, unas ganancias de eficiencia y productividad nunca acontecidas, al menos tan vastamente. Los avances de la ciencia y de los desarrollos tecnológicos de todos los sectores de la economía, así como de la innovación del quehacer económico y de la mejora de la eficiencia incluso de los sectores públicos de las últimas décadas, son indisolubles de las TIC. Todos los estudios al respecto ponen de manifiesto su extraordinaria contribución, no sólo al esfuerzo en I+D, sino a la innovación y al crecimiento de todas las economías.

El impulso innovador de las TIC, como el de todas las grandes olas tecnológicas de la Historia, presenta dos frentes: el de la demanda y el de la oferta. El primero está asociado a la inversión y al uso de las nuevas tecnologías, mientras que el segundo está relacionado con el desarrollo y producción de las mismas.

Siendo muy positiva la inversión y, sobre todo, el uso productivo de las nuevas y tecnologías, ya que favorecen la innovación y la renovación de los procesos económicos y, por tanto, la mejora de la eficiencia económica y de la productividad del trabajo, los máximos impactos de una nueva ola tecnológica en el crecimiento económico solo se alcanzan cuando, además, se inventan, desarrollan y producen las nuevas tecnologías.

Las razones que justifican la importancia de esta «otra cara» de las nuevas tecnologías son básicamente dos: dichas actividades se añaden a las preexistentes y vienen a sustituir —con un saldo siempre favorable— a las obsoletas; y, por otra parte, generan efectos «desbordamiento» —*spill over* en la literatura económica— de su propio quehacer innovador sobre los demás sectores económicos. Estos argumentos están muy estudiados y empíricamente demostrados por investigadores académicos.

España ha dado en los últimos años un gran salto adelante en materia de conectividad —penetración social de las redes y facilidades de telecomunicaciones—, después de haber crecido mucho más que los países de referencia, hasta situarnos en la distinguida posición antes detallada.

Las empresas españolas, incluido las más pequeñas, disponen de más conectividad y banda ancha que la media europea, así como de dispositivos TIC de última generación. Sin embargo, el uso productivo de las nuevas tecnologías deja mucho que desear; por ejemplo, las PYME españolas utilizan mucho menos las TIC que las europeas para hacer negocios.

La razón de esta incoherencia tiene mucho que ver con la dimensión de las empresas y el nivel de competencia en los mercados en los que operan; así, las empresas —grandes y medianas— que compiten internacionalmente son intensivas y muy eficientes usuarias de las TIC, mientras que las pequeñas y las que están al abrigo de la competencia utilizan mucho menos y peor las nuevas tecnologías.

Si España se encuentra con el «reloj tecnológico en hora» en materia de equipamientos TIC, mientras utiliza muy disparmente los mismos, en lo que dejamos mucho que desear es en la invención, desarrollo y producción de las nuevas tecnologías; hasta el punto de presentar un déficit comercial que nos sitúa en una tan injustificada como pésima posición.

Disponemos en nuestro país de un excelente plantel de empresas que investigan, desarrollan, producen y exportan tecnologías muy innovadoras, pero son pocas y, por tanto, su contribución al crecimiento económico resulta escasamente relevante.

Estando mejor posicionados que en cualquier ola tecnológica precedente, no acabamos de dar todos los pasos adelante para sacar el máximo partido innovador a las TIC y propiciar la metamorfosis de nuestra economía; de suerte que la nueva resulte crecientemente soportada por las nuevas tecnologías y la innovación, genere puestos de trabajo de elevada cualificación profesional y mayores salarios y crecientes exportaciones de alto valor añadido. El porcentaje de empleados especialistas en TIC en las empresas españolas está a la cola de Europa.

En el mismo informe anterior de la Comisión Europea, existe un ránking de unicornios —empresas emergentes valoradas en más de mil millones de dólares— que sitúa a Alemania en la cabeza con 58, seguida de Francia con 35, Suecia con 30, Holanda con 24 y España con 11.

También se incorpora al informe un ránking mundial del ecosistema de *start-ups*: entre los treinta que se citan no está España.

Obstáculos a la innovación en España
Que frenan el emprendimiento

Los obstáculos a la innovación en España están necesariamente relacionados con el despliegue y desarrollo de la función empresarial. He aquí un listado, más indicativo que exhaustivo, de los mismos:

- Una parte muy considerable de la sociedad española siente —absurdamente— *antipatía por los empresarios*, cuándo no existe ni un solo país rico que no esté sustentado por la actividad empresarial.
- Los *libros de texto* de Historia, Geografía y Economía de Enseñanza Media ofrecen, mayormente, valoraciones negativas de la iniciativa privada y del mercado, según la exhaustiva investigación al efecto de Manuel Jesús González en *El empresario y la economía de mercado.*
- El creciente y *desmesurado crecimiento del tamaño del Estado* constriñe, cada vez más, vía impuestos y limitaciones regulatorias, la función empresarial.
- Según el Banco de España, desde 1950 a 2018 se han puesto en vigor *442.000 normas.* ¿Cuántos países innovadores tendrían que juntarse para llegar a estas cifras? Sólo en 2024 entraron en vigor 1.253 normas —3,4 por día— contra la función empresarial.
- España lideró el Índice Europeo de *Burocracia* en el año 2019 con 363 horas al año de tiempo dedicado por las PYME a resolver asuntos burocráticos.

- El *coste empresarial de la Seguridad Social* en España es casi un 24% del salario —el más alto del mundo junto con Italia—, mientras que en el Reino Unido, Alemania y Japón no llega al 10%.

- Los *convenios sectoriales y territoriales*, que cartelizan las condiciones de trabajo, imponen condiciones laborales a las nuevas empresas sin contar con ellas ni con sus trabajadores.

- En 2024 se añadió una pieza inconstitucional más a la destrucción de la unidad de mercado, con la *preminencia de los convenios territoriales* y provinciales sobre los de empresa.

- Los *sindicatos* gozan de un monopolio legal, pero ilegítimo por su escasísima afiliación, que utilizan para oponerse —*sin verdadera representación de los intereses de los trabajadores*— a los cambios derivados de la innovación.

- Los *costes de despido y la litigiosidad* asociada en España son de los peores, junto con la relación entre salario y productividad. Las jornadas perdidas por enfermedad, siendo altas, son cada vez mayores.

- El *mercado nacional*, no solo es pequeño, también está *troceado.*

- La creación de *empresas* es muy ágil, barata y goza de la máxima seguridad jurídica, pero la *puesta en marcha* de las mismas está llena dificultades administrativas y costes de todo tipo por parte de municipios, autonomías, seguridad social, hacienda, etcétera.

- El *cierre de empresas* es, sin embargo, muy problemático, lo que retrasa y complica la posibilidad de comenzar de nuevo; algo imprescindible y asociado al emprendimiento innovador.

- España es un *país escasamente atractivo para inmigrantes con formación* universitaria estudios doctorales y emprendedores.

- Los *incentivos a la innovación son escasos y están mal orientados:*

  1. Los basados en *programas gubernamentales,* ideados por políticos y funcionarios obviamente ajenos a experiencias innovadoras, pretenden reconducir por esta vía las nuevas ideas emprendedoras que, como es obvio, son imposibles de capturar por ningún plan burocrático previo.

  2. Los vehiculados a través de *deducciones fiscales* encuentran sistemáticamente en Hacienda —un ilegítimo y muy real Cuarto Poder del Estado— todo tipo de dificultades, pues su actitud típica es siempre contraria a su aplicación; y, además, acaba imponiéndose frente a las voluntaristas políticas industriales que pretenden incentivar la innovación tecnológica.

- El *capital riesgo asociado a las start-ups tecnológicas es muy escaso* y está fiscalmente muy mal tratado.

- Nuestras *grandes empresas,* a diferencia de las de los países más avanzados, *carecen de empatía con las nuevas* empresas tecnológicas innovadoras.

- La innovación se beneficia del *crecimiento de la dimensión empresarial,* que en España está *llena de dificultades* de todo tipo: administrativas, sindicales, fiscales, etcétera.

12
¿Qué podemos y debemos hacer para dinamizar la economía española a través de la innovación tecnológica?
Extender la libertad & Ortodoxia económica

Además de remover, uno a uno y, al menos, todos los obstáculos antes descritos, he aquí un modesto catálogo de iniciativas fragmentarias que, sometidas a la prueba y el error —el método típico de la ciencia y la innovación—, permitirían avanzar, rectificar cuando fuera necesario, y renovar permanentemente las mismas aplicando criterios de control de resultados como han hecho siempre las empresas de éxito.

- En el ámbito universitario, el actual estatuto del profesorado debe ser modificado para habilitar de inmediato la coexistencia de la carrera académica con la empresarial, hoy incompatibles.
- Las fronteras existentes —de todo tipo— entre las comunidades autónomas a la libre circulación de bienes y servicios deben ser abolidas por completo, pues la dimensión de los mercados es determinante del éxito de las innovaciones.
- Los sindicatos y las organizaciones empresariales deben financiarse, solo y exclusivamente, con las cuotas de sus —

libres— asociados, cuyas aportaciones pueden beneficiarse de deducciones fiscales en el IRPF.

- Los convenios laborales deben circunscribirse a cada empresa, por lo que los sectoriales y territoriales —en tanto que cárteles en contra de la libre entrada y salida de los mercados— deben estar prohibidos.

- La introducción de cualquier nueva norma que afecte al quehacer económico deberá exigir la cancelación de al menos tres previas.

- Los programas gubernamentales de I+D deben extinguirse, porque nadie, y menos el gobierno, sabe ni tiene por qué saber en qué hay que innovar; algo que concierne descubrir a la perspicacia empresarial.

- Las inversiones y los gastos en innovación tecnológica deben beneficiarse de generosas deducciones en el impuesto de sociedades, cuya evaluación debe correr a cargo de una agencia profesional independiente, sin que la inspección de hacienda pueda cuestionar sus resoluciones.

- Tras eliminar obstáculos innecesarios o perjudiciales, una nueva agencia pública integrada por profesionales de incuestionable experiencia, valía e independencia, dependiente del Congreso de diputados, deberá velar por la materialización de la libre competencia en todos los mercados.

- Las limitaciones existentes al aumento de la dimensión empresarial, deben ser examinadas y eliminadas, para facilitar el crecimiento sin obstáculos de las empresas.

- Los impuestos al capital y el trabajo deben ser rebajados para situarlos por debajo de la media de la UE.

- Las plusvalías obtenidas en las inversiones en *start-ups* tecnológicas deben estar libres de impuestos durante sus primeros años. Hacienda no perderá recaudación alguna por ello, ya que las empresas que no existen no pagan impuestos, mientras que las que acaban sobreviviendo y creciendo mucho sí lo hacen.

Aunque hace tiempo que las políticas industriales están desacreditadas por sus obvios malos resultados, puesto que no parece que vayan a desaparecer, Dani Rodrick, en su ensayo *One Economics Many Recipe,* propone aplicar diez principios a las mismas:

1. Los incentivos solo deben aplicarse a nuevas actividades, ya que la principal razón de una política industrial no puede ser otra que la diversificación de la economía para generar nuevas áreas de ventajas comparativas.
2. Deben estar bien claros los criterios comparativos —*benmarcks*— y las medidas tanto de éxito como de fracaso, ya que toda política industrial es necesariamente un proceso experimental.
3. Se deben establecer cláusulas de extinción de los incentivos para asegurar que los recursos, tanto financieros como humanos, no estén dedicados a actividades inoperativas o incapaces de garantizar un retorno de la inversión.
4. El soporte público debe orientarse a actividades, no a sectores, para de ese modo proporcionar ventajas competitivas horizontales a todos los sectores.
5. Las actividades objeto de subsidios deben tener un claro potencial de suministrar *spillovers* —desbordamiento de sus positivos efectos a otras actividades— y efectos de demostración que faciliten la entrada de nuevos competidores.
6. Las autoridades que gestionen las políticas industriales debe ser agencias con demostrada competencia profesional, porque esta determina el uso de las herramientas.
7. Las agencias de implementación de políticas industriales deben estar monitorizadas de un modo claro por las autoridades políticas al más alto nivel.
8. Las agencias de promoción industrial deben mantener canales de comunicación con el sector privado. Los burócra-

tas no deben estar aislados, sino en permanente relación con emprendedores e inversores.

9. Los errores que resultan de elegir a los perdedores —*pickings the losers*— ocurrirán. El objetivo no debería ser minimizar los errores sino su coste, pues estos siempre existirán.

10. Las actividades necesitan tener capacidad de renovarse por sí mismas, ya que los ciclos de descubrimiento ocurren sin cesar. Con el paso del tiempo, las tareas de la política industrial deben ser eliminadas gradualmente y sustituidas por otras nuevas.

Las políticas industriales españolas no han respetado hasta ahora ninguno de los «diez mandamientos» de Rodrick, con contadas excepciones, como las aplicadas en su momento al sector del automóvil y a la industria de telecomunicaciones.

En todo caso, además de las políticas industriales, Rodrick también nos recuerda «las reglas de buena conducta para promover el crecimiento económico».

Tras el evidente fracaso de las políticas económicas durante los años 50 y 60 del pasado siglo, que mediante la planificación y la utilización de importaciones trataban de rescatar de su pobreza a los países menos desarrollados, a comienzos de los 70 y, sobre todo, a finales de los años 80 se produjo una muy remarcable convergencia de puntos de vista respecto a los principios económicos facilitadores del crecimiento económico.

Al efecto, el economista John Williamson resumió, en 1990, las 20 reglas de política económica para promover el crecimiento económico, luego conocidas como «Consenso de Washington», quizás por ser la sede del Fondo Monetario Internacional y del Banco Mundial. En todo caso, tales reglas han sido asumidas como canónicas por la mayor parte de los economistas y, además de ser inseparables compañeras de viaje, desde entonces hasta hoy, del mayor despliegue de crecimiento económico que ha conocido la historia mundial, y sobre todo de los países más pobres.

La lista de reglas de política económica tuvo dos fases. El consenso original de Washington fue el siguiente:

1. Disciplina fiscal: equilibrio de ingresos y gastos públicos.
2. Reorientación de los gastos públicos hacia fines verdaderamente útiles para el progreso económico y social.
3. Reforma impositiva facilitadora del crecimiento económico.
4. Liberalización de las tasas de interés para que el mercado opere libremente.
5. Tasas de cambio unificadas y competitivas.
6. Liberalización de los mercados.
7. Apertura a la inversión directa extranjera.
8. Privatización de empresas públicas.
9. Desregulación de los mercados.
10. Derechos de propiedad seguros.

Más tarde, a final de la década de los años 90 del pasado siglo, se añadieron otros

diez principios al «Consenso de Washington» relacionados con:

1. La gobernanza de las empresas.
2. La corrupción.
3. La flexibilización de las relaciones laborales.
4. Adhesión a las normas de la WTO (Organización Mundial del Comercio).
5. Adhesión a los códigos y estándares financieros internacionales.
6. Prudente apertura a los movimientos de capital.
7. Desintervención de las tasas de cambio.

8. Banco central independiente preocupado por la inflación.
9. Redes de seguridad social.
10. Reducción de la pobreza.

El lugar común de todas las recomendaciones anteriores se puede resumir en dos mandamientos: máxima libertad para emprender e innovar y mínima intervención política en el desarrollo de la función empresarial, algo contrario al quehacer socialista —en diversos grados— de todos los partidos políticos.

Las experiencias habidas hasta ahora tanto en España como en el resto del mundo avalan lo dicho: cuando la libertad y la ortodoxia económica se juntan, los resultados son siempre muy positivos.

La globalización de la economía operada en la economía mundial junto con la 5.ª ola tecnológica innovadora, como muestran los datos, han operado el mayor progreso de toda la Historia de la humanidad; experiencia de éxito que EE.UU. ha comenzado a cuestionar con sus propuestas arancelarias.

En el caso español, el Plan de Estabilización de 1959, la entrada en el Mercado Común en 1986 y la incorporación al sistema monetario del Euro en 2002, se saldaron con un indudable éxito. Desde entonces, nos estamos alejando de las buenas prácticas políticas, cuyo análisis y recetas conforman este libro.

BIBLIOGRAFÍA

Aghion, P., & Griffith, R. I. (2005). *Competition and growth*. The MIT Press.

Aghion, P., Antonin, C., & Bunel, S. (2021). *El poder de la destrucción creativa: ¿Qué impulsa el crecimiento económico?* Ediciones Deusto. (Obra original publicada en 2020)

Ante, S. A. (2008). *Creative capital: Georges Doriot and the birth of venture capital*. Harvard Business Press.

Arthur, W. B. (2009). *The nature of technology: What it is and how it evolves*. Free Press.

Banegas, J. (2003). *La nueva economía española: Las TIC, la productividad y el crecimiento económico*. Alianza Editorial.

Fundación BBVA. (2024). *El comportamiento de la productividad en España 1995–2022*.

Baumol, W. J. (1982). Contestable markets: An uprising in the theory of industry structure. *American Economic Review.*

Baumol, W. J. (2002). *The free market innovation machine*. Princeton University Press.

Baumol, W. J., Litan, R. E., & Schramm, C. J. (2007). *Good capitalism, bad capitalism, and the economics of growth and prosperity*. Yale University Press.

Carr, N. G. (2004). *Does IT matter?* Harvard Business School Press.

Christensen, C. (1997). *The innovator's dilemma: When new technologies cause great firms to fail*. Harvard Business School Press.

Csikszentmihalyi, M. (1996). *Flow and the psychology of discovery*. Harper Perennial.

Civismo. (2025). *¿Por qué la economía de EEUU aventaja a la europea?*

Comisión Europea. (2022). *Digital Economy and Society Index (DESI) 2022*.

Diamond, J. (1998). *Armas, gérmenes y acero: La sociedad humana y sus destinos*. Editorial Debate. (Obra original publicada en 1997)

Domínguez, A. (2000). *España: Tres milenios de historia*. Marcial Pons.

Enrich, J. (2022). *Las personas más raras del mundo*. Capitán Swing Libros. (Obra original publicada en 2020)

Falk, S. (2020). *The light ages: A medieval journey of discovery*. Penguin Random House UK.

Ferguson, N. (2011). *Civilization: The West and the rest*. Allen Lane.

Friedman M. & R, (1980). *Libertad de elegir*. Grijalbo.

Fukuyama, F. (1995). *Trust: The social virtues and the creation of prosperity*. The Free Press.

Galor, O. (2022). *The journey of humanity: The origins of wealth and inequality*. Dutton, Penguin Random House.

Gimpel, J. (1981). *La revolución industrial en la Edad Media*. Taurus Ediciones. (Obra original publicada en 1975)

González, M. J. (2003). *El empresario y la economía de mercado*. Círculo de Empresarios.

Gribbin, J. (2003). *Historia de la ciencia 1543–2001*. Ed. Crítica. (Obra original publicada en 2002)

Hayek, F. A. (1998). *Los fundamentos de la libertad*. Unión Editorial. (Obra original publicada en 1959)

Headrick, D. R. (2009). *Technology: A world history*. Oxford University Press.

Isaacson, W. (2011). *Steve Jobs*. Debate. (Edición original: Random House)

McCloskey, D. N. (1999). *The bourgeois virtues: Ethics for an age of commerce*. University of Chicago Press.

Landes, D. S. (2007). *Revolución del tiempo: El reloj y la formación del mundo moderno*. Crítica. (Obra original publicada en 1999)

Mokyr, J. (1990). *The lever of riches: Technological creativity and economic progress*. Oxford University Press.

Mokyr, J. (2002). *The gifts of Athena: Historical origins of the knowledge economy*. Princeton University Press.

Mokyr, J. (2017). *A culture of growth: The origins of the modern economy*. Princeton University Press.

Mora, F. (2014). *¿Cómo funciona el cerebro?* (3.ª ed.). Alianza Editorial.

Mumford, L. (1987). *Técnica y civilización*. Alianza Universidad. (Obra original publicada en 1934)

Norberg, J. (2017). *Progress: Ten reasons to look forward to the future*. Oneworld Publications.

Norberg, J. (2021). *Abierto: La historia del progreso humano*. Deusto. (Obra original publicada en 2020)

Norberg, J. (2024). *El manifiesto capitalista: Por qué el libre mercado global salvará el mundo*. Deusto. (Obra original publicada en 2021)

Nordhaus, W. (2004). Schumpeterian profits in the American economy: Theory and measurement. *National Bureau of Economic Research Working Paper Series*, No. 10433.

North, D. C. (2005). *Understanding the process of economic change*. Princeton University Press.

Olson, M. (1986). *Auge y decadencia de las naciones*. Ariel Economía. (Obra original publicada en 1982)

Paepke, C. O. (1993). *The evolution of progress: The end of economic growth and the beginning of human transformation*. Random House.

Pérez, C. (2002). *Technological revolutions and financial capital*. Edward Elgar.

Phelps, E. (2015). *Mass flourishing*. Princeton University Press.

Pinker, S. (2018). *Enlightenment now: The case for reason, science, humanism, and progress*. Penguin Books.

Rodríguez, A. (2025). El modelo de investigación en el futuro de la Unión Europea. *Boletín SEBBM*.

Rosenberg, N. (1994). *Exploring the black box: Technology, economics, and history*. Cambridge University Press.

Ridley, M. (2021). *How innovation works*. 4th Estate.

Rodrik, D. (2007). *One economics, many recipes: Globalization, institutions and economic growth*. Princeton University Press.

Rosling, H. (2018). *Factfulness: Diez razones por las que estamos equivocados sobre el mundo y por qué las cosas están mejor de lo que piensas*. Deusto. (Obra original publicada en 2018 por Factfulness AB)

Snyder, L. J. (2021). *El club de los desayunos: Cuatro notables amigos que transformaron la ciencia y cambiaron el mundo*. Acantilado. (Obra original publicada en 2011)

Solow, R. M. (2000). *Growth theory: An exposition* (2.ª ed.). Oxford University Press.

Tortella, G. (2017). *Capitalismo y revolución*. Gadir Editorial.

Tortella, G. (2025). *Las grandes revoluciones*. La Esfera de los Libros.

Tupy, M. L., & Pooley, G. L. (2023). *Superabundancia: Por qué a medida que crece la población crecen también los recursos disponibles*. Deusto. (Obra original publicada en 2022 por Cato Institute)

Waldenström, D. (2024). *Richer & more equal: A new history of wealth in the West*. Polity Press.

White, L. (1990). *Tecnología medieval y cambio social*. Paidós Básica. (Obra original publicada en 1962)

Wilson, E. O. (2018). *Los orígenes de la creatividad humana*. Ed. Crítica.

Jesús Banegas

Presidente FORO SOCIEDAD CIVIL

Ingeniero, doctor en ciencias económicas y máster del IESE ha dedicado toda su larga y muy densa carrera profesional a las nuevas tecnologías, la innovación y los mercados internacionales desde posiciones de la máxima responsabilidad ejecutiva, habiendo fundado y dirigido una veintena de empresas.

Comenzó su carrera como ingeniero de diseño en *Standard Eléctrica S.A.[1970-1972],* para incorporarse después a *Telettra Española S.A.*[1972-1985] como product mánager para pasar a ser director de exportación y finalmente director general comercial. Fue el director general responsable del lanzamiento de *Telefónica Sistemas S.A* [1985-86]. En el *grupo Amper S.A.*[1986-1999] como director general de desarrollo corporativo lideró alianzas industriales con AT&T Network Sytems, Motorola, el Estado de la URSS, Thales, Siemens, etc y creó diversas empresas innovadoras TIC.

Después de más de dos décadas de experiencias emprendedoras por cuenta ajena, con el cambio de siglo puso en marcha y presidió varias Start-Up tecnológicas entre las que sobresalen dos importantes éxitos: *IP Sistemas,* un líder tecnológico mundial en seguridad de fronteras- adquirida por Indra; y *Digimobil,* el más dinámico y rentable operador de telecomunicaciones de España. En 2017 fundó con la Universidad Politécnica de Cartagena una nueva empresa: *E-Lighthouse Network Solutions* que ya está operando en los mercados internacionales y más recientemente se ha integrado como founder-partner en *ZIM Conections* con sede en Londres.

Su experiencia institucional abarca en España la presidencia –1991-2013– del sector TIC, la vicepresidencia de CEOE así como la presidencia de su comisión de relaciones internacionales durante más de una década y la fundación y presidencia de CEOE INTERNACIONAL. Ha sido consejero del ICEX y del Consejo Asesor de Telecomunicaciones durante más de diez años, así como de diversas fundaciones y organizaciones relacionadas con su quehacer profesional.

A nivel de la UE, además de presidir la asociación europea de empresas electrónicas, fue miembro de la Comisión *Bangemann* para la Sociedad de la Información, así como de la Comisión del Parlamento Europeo para los mercados públicos y presidente de la Comisión –reelegido- del Mercado Interior de la patronal europea Business Europe.

Escritor –más de 900 artículos y una veintena de libros- y conferenciante –más 500 intervenciones- en diversos países, ha sido entrevistado en los más diversos medios de comunicación y es ampliamente reconocido como un líder de referencia de la sociedad civil, cuyo principal Foro –*www.forosociedadcivil.org*– preside.

En 2003 recibió de S.M. El Rey la Gran Cruz del Mérito Civil.

EN LA MISMA COLECCIÓN

Para más información,
véase nuestra página web
www.unioneditorial.es